Luciano Alves

TEORIA Musical
Lições Essenciais
2ª Edição Revista

Sessenta e três lições com questionários, exercícios e pequenos solfejos

Abordagem facilitada dos tópicos essenciais para a formação do músico

Nº Cat.: 373-M

Irmãos Vitale Editores Ltda.
vitale.com.br
Rua Raposo Tavares, 85 São Paulo SP
CEP: 04704-110 editora@vitale.com.br Tel.: 11 5081-9499

© Copyright 2004 by Irmãos Vitale Editores Ltda. - São Paulo - Rio de Janeiro - Brasil.
Todos os direitos autorais reservados para todos os países. *All rights reserved*.

CIP - Brasil. Catalogação na fonte.
Sindicato Nacional dos Editores de Livros, RJ.

A48t

Alves, Luciano, 1956 -
Teoria musical : lições essenciais : sessenta e três lições com questionários, exercícios e pequenos solfejos / Luciano Alves. - São Paulo : Irmãos Vitale, 2005

ISBN 85-7407-196-X
ISBN 978-85-7407-196-1

1. Teoria musical. 2. Música - Instrução e ensino. I. Título

| 05-0881 | CDD -780.15 |
| 009559 | CDU -78.01 |

Todos os exemplos musicais, solfejos, leituras rítmicas e métricas incluídas nesta publicação são de autoria de Luciano Alves.

CRÉDITOS

Produção geral, diagramação e editoração de partituras
Luciano Alves e Danilo David

Revisão musical
Claudio Hodnik e Alexandro Vidigal

Revisão de texto
Maria Elizabete Santos Peixoto

Capa
Monika Mayer e Luciana Mello

Produção executiva
Fernando Vitale

SUMÁRIO

PREFÁCIO 5
INTRODUÇÃO 6
SOBRE O AUTOR 8

LIÇÃO 1
O som e seus elementos 11
Música e seus elementos 11

LIÇÃO 2
As notas 12
Pauta 12
Claves 12

LIÇÃO 3
As notas na clave de Sol 14
As notas na clave de Fá 14

LIÇÃO 4
Figuras rítmicas 16

LIÇÃO 5
Figuras até a semínima 18

LIÇÃO 6
Linhas suplementares 21

LIÇÃO 7
Notas de Dó a Dó (quatro oitavas) 22

LIÇÃO 8
Memorizando as notas 24

LIÇÃO 9
Ponto de aumento 26
Ligadura 26

LIÇÃO 10
Compasso 28
Compassos simples 28
Fórmula de compasso 28
Compasso binário 28

LIÇÃO 11
Compasso ternário 30

LIÇÃO 12
Compasso quaternário 32

LIÇÃO 13
Notas de Dó a Dó (seis oitavas) 34

LIÇÃO 14
Figuras até semicolcheia 36

LIÇÃO 15
Marcação dos tempos nos compassos simples . 39

LIÇÃO 16
Sinais de repetição 40

LIÇÃO 17
Anacruse e compassos incompletos 43

LIÇÃO 18
Síncope 44

LIÇÃO 19
Contratempo 46

LIÇÃO 20
Andamento e metrônomo 47

LIÇÃO 21
Padrões de divisões rítmicas 48

LIÇÃO 22
Tom e semitom 50

LIÇÃO 23
Alterações (1ª Parte) 52

LIÇÃO 24
Classificação do semitom 54

LIÇÃO 25
Sinais de articulação 56

LIÇÃO 26
Sinais de oitava 58

LIÇÃO 27
Sinais de intensidade e dinâmica 59

LIÇÃO 28
Intervalos simples 60

LIÇÃO 29
Alterações (2ª Parte) 62

LIÇÃO 30
Os cinco tipos de intervalos 64

LIÇÃO 31
Inversão dos intervalos 68

LIÇÃO 32
Intervalos compostos 69

LIÇÃO 33
Sinais de abreviatura 70

LIÇÃO 34
Quiáltera 72

LIÇÃO 35
Compassos compostos 74
Formação dos compassos compostos 74
Síncope nos compassos compostos 75

LIÇÃO 36
Marcação dos tempos dos compassos compostos 76

LIÇÃO 37
Dois pontos de aumento 77

LIÇÃO 38
Figuras até semifusa 78

LIÇÃO 39
Ornamentos 80

LIÇÃO 40
Os graus das escalas 82
Graus modais 83
Graus tonais 83

LIÇÃO 41
Introdução às escalas e acordes 85
Modo maior e modo menor 85

LIÇÃO 42
Cifragem de acordes 86

LIÇÃO 43
Formação das escalas e tríades maiores 87
Armadura de clave 87
Escalas maiores com sustenido e suas tríades .. 88
Escalas maiores com bemol e suas tríades 88
Intervalos da escala maior 89

LIÇÃO 44
Ciclo das quintas 91

LIÇÃO 45
Tríade aumentada, diminuta, com 4ª e com 2ª . 92

LIÇÃO 46
Polirritmia 93

LIÇÃO 47
Formação das escalas e tríades menores 94
Escala menor natural 94
Escala menor harmônica 94
Escala menor melódica 95
Armaduras de clave dos tons relativos 95
Escalas menores com sustenido e suas tríades . 96
Escalas menores com bemol e suas tríades 97
Intervalos das escalas menores 98

LIÇÃO 48
Tons relativos, homônimos e vizinhos 100

LIÇÃO 49
Enarmonia 102

LIÇÃO 50
Escrita de *shuffle* e *swing* 103

LIÇÃO 51
Tétrades 104

LIÇÃO 52
Acordes com mais de quatro sons 106

LIÇÃO 53
Inversão de acordes 108

LIÇÃO 54
Posicionamento das notas do acorde 110

LIÇÃO 55
Compassos irregulares, mistos e alternados 111

LIÇÃO 56
As demais claves 113

LIÇÃO 57
Diapasão 114
Escala geral 114
Extensão das vozes 114

LIÇÃO 58
Escala cromática 115

LIÇÃO 59
Reconhecendo o tom 116
Modulação 116

LIÇÃO 60
Transposição de tonalidade 117

LIÇÃO 61
Música modal 118
Modos 118

LIÇÃO 62
Acordes formados sobre as escalas 121

LIÇÃO 63
Série harmônica 122

BIBLIOGRAFIA 124

ÍNDICE 125

PREFÁCIO

Dentre todas as artes, a música é seguramente uma das expressões mais espontâneas do povo brasileiro, o que gera, freqüentemente, o desejo de evolução do conhecimento musical através do estudo metódico. Assim, há muito tem se observado um crescente número de escolas de música em todo o país.

De um modo geral, o estudante inicia seu contato com a música através de um instrumento e só mais tarde se interessa pela parte teórica, por razões óbvias: é muito mais agradável "arranhar" pequenas melodias do que decorar regras, nomes de notas, solfejar, etc.

Foi justamente para ajudar a reverter esse quadro que Luciano Alves escreveu uma obra didática, contendo as informações essenciais para a formação do músico, valendo-se de sua grande vivência no meio musical como instrumentista, arranjador e professor.

O que me chamou a atenção nesse trabalho foi a clareza dos textos e a seqüência em que foram introduzidas as informações que são, inclusive, abordadas nos programas oficiais das escolas de música: notas na pauta, claves, figuras rítmicas, compassos, leitura rítmica e métrica, solfejo, dinâmica, intervalos, escalas, transposição, música tonal e modal, etc.

As lições são apresentadas de forma extremamente objetiva, o que permite ao músico a fácil apreensão e aplicação do conteúdo, em seus estudos cotidianos. Um bom exemplo disso são as lições de escalas, associadas aos seus respectivos acordes, assim como as de divisões rítmicas, combinadas em padrões.

Outro mérito desta publicação é a abordagem de assuntos relacionados à música popular brasileira e internacional, tais como as cifras, as síncopes e a interpretação de ritmos derivados do jazz, entre outros, o que raramente se encontra nos livros tradicionais existentes no mercado.

Sendo a teoria musical tão abundante em detalhes, torna-se muitas vezes difícil encontrar nos livros a informação desejada. Para solucionar este problema, Luciano Alves incluiu neste trabalho, além do sumário, um amplo índice para a recuperação ágil dos inúmeros termos musicais.

Estão de parabéns a Editora Irmãos Vitale, por mais esse grande lançamento, e sobretudo professores e estudantes, que terão em mãos uma obra de valiosa utilidade.

Celso Woltzenlogel

Professor titular da Escola de Música da Universidade Federal do Rio de Janeiro-UFRJ, Primeiro flautista da Orquestra Sinfônica Nacional (1968-1991).

INTRODUÇÃO

Ao longo de minha trajetória profissional, performance e didática têm caminhado contínua e naturalmente juntas. Apresentações públicas e gravações constantemente se entremeiam às atividades ligadas ao ensino de piano, teclados, teoria musical e informática na música, seja através de aulas particulares, seja na realização de cursos e *workshops,* ou na produção de livros de música.

O desenvolvimento desta prática didática motivou a criação do Centro de Tecnologia Musical Luciano Alves – CTMLA, na cidade do Rio de Janeiro, em 2003, onde são aplicados métodos próprios na maioria dos cursos ministrados. Contudo, faltava, ainda, um livro de teoria musical que servisse de alicerce para os estudantes.

Pesquisando sobre livros de ensino teórico, encontrei alguns rascunhos que geraram a apostila que escrevi aos 14 anos de idade, ocasião em que concluí o curso de Teoria Musical da Universidade Federal do Rio de Janeiro-UFRJ. Este trabalho consistia em um plano facilitado de ensino de teoria, baseado nas dificuldades que eu enfrentara ao longo do aprendizado de teoria, percepção musical, solfejo e leitura rítmica. Portanto, a presente publicação, destinada aos estudantes de todos os instrumentos, foi concebida a partir da mencionada apostila – aplicada a inúmeros alunos – bem como à consulta de extensa pesquisa bibliográfica, incluindo títulos brasileiros e estrangeiros. O piano é assinalado especificamente nas primeiras lições por se tratar de um instrumento que abrange os vários alcances, além de ser o preferido para a elaboração de arranjos.

A idéia de fazer este livro deve-se à minha particular e firme convicção de que a teoria musical é essencial na formação do músico. O estudo intensivo do instrumento musical aliado ao conhecimento teórico promovem o músico a uma posição privilegiada no mercado de trabalho. Compreender as regras, as convenções e a base da música é indiscutivelmente um significativo diferencial. Em todos os projetos que participei como músico, arranjador ou condutor; na gravação dos CDs de minha autoria ou na produção de métodos de música de autores variados, a teoria musical sempre foi uma valiosa aliada.

Aqui encontram-se descritas todas as matérias necessárias à fundamentação teórica musical. Da formação do som à construção de escalas e acordes, esta publicação abrange os temas incluídos nos programas oficiais das escolas brasileiras de música. A linguagem utilizada procura ser a mais simples e direta possível, de forma a alcançar, igualmente, o interesse e a compreensão do público infantil ao longo das sessenta e três lições apresentadas. Através de exemplos, exercícios, pequenos solfejos e questionários, procuro tornar dinâmico e atraente o ensinamento de assuntos clássicos.

Alunos e professores encontrarão neste livro uma nova perspectiva de didática musical na qual música erudita e popular, assim como instrumentos acústicos e eletrônicos, são ingredientes que servem a um propósito maior: a música. Em pleno século XXI, não convém mais desprezar a cifragem de peças clássicas por intermédio de cifras do modelo popular (C, Dm, G7, etc.) e tampouco deixar de investigar uma melodia popular através do conhecimento de escalas. Historicamente, as diversas vertentes musicais se fundem e o melhor exemplo dessa afirmação é a constante presença de elementos e motivos originários de canções populares e manifestações folclóricas na obra dos grandes compositores eruditos.

As lições desta publicação estão dispostas em uma seqüência que considero ideal para um aprendizado eficaz, mas podem ser estudadas de acordo com qualquer outra ordenação, cabendo aos professores a decisão de aplicá-las segundo a necessidade dos alunos. Por exemplo, os tópicos sobre figuras rítmicas, compasso e divisão podem ser explorados sucessivamente nas lições 4, 5, 9, 10, 11, 12, 14, 15, 17, 18, 19, 21, 34, 35, 36, 37, 38, 46, 50 e 55.

Os alunos que desejarem um aprendizado mais rápido poderão estudar individualmente diversos temas básicos tais como os localizados nas lições 1, 2, 3, 6, 7, 8, 13, 16, 20, 25, 26, 27, 42, 56 e 57. Neste caso, o professor pode atuar no esclarecimento de dúvidas eventuais. Esta é uma tática que utilizo freqüentemente e que encoraja o principiante na prática da pesquisa que deverá acompanhá-lo no decorrer de sua carreira.

Considerando que este livro é direcionado às questões teóricas da música, recomendo que professores e estudantes complementem os estudos de leitura rítmica e de solfejo com publicações específicas. O conhecimento sobre cifras, acordes e escalas pode ser também ampliado através dos livros de minha autoria "Dicionário de Acordes para Piano e Teclados" e "Escalas para Improvisação" (Editora Irmãos Vitale).

Agradeço a todos os alunos que colaboraram com sugestões e ao professor Celso Woltzenlogel pelas significativas contribuições técnicas.

Este livro é dedicado ao meu filho Fabio.

Luciano Alves

SOBRE O AUTOR

Luciano Alves é pianista, tecladista, compositor, arranjador e professor de música. Nascido em 1956, iniciou o estudo de piano e música clássica aos sete anos de idade. Formou-se em teoria musical aos 14 anos na UFRJ – Escola Nacional de Música do Rio de Janeiro cursando, em seguida, matérias teóricas e piano no CBM – Conservatório Brasileiro de Música, e percepção musical no Curso Preparatório da Orquestra Sinfônica Brasileira (RJ).

Aos 16 anos realizou a direção musical e os arranjos de diversas peças teatrais. Nessa época, manteve os primeiros contatos com sintetizadores, aprofundando conhecimentos através de cursos de eletrônica, eletroacústica e computação, ao mesmo tempo em que começava a experimentar em seu trabalho a fusão da música clássica com a música popular brasileira.

Em 1977 residiu em Milão (Itália) por um ano, onde participou de gravações com diversos artistas europeus. De volta ao Brasil, aos 22 anos, iniciou atividades como arranjador e maestro em gravações da RCA, Odeon e Warner. Paralelamente, participou como pianista, tecladista e diretor musical de diversos shows com artistas da MPB.

No ano seguinte, apresentou-se com a Orquestra Sinfônica Brasileira e a Orquestra do Teatro Municipal do Rio de Janeiro, na Praça da Apoteose (RJ), como solista da "Nona Sinfonia" de Beethoven, sob regência do maestro Isaac Karabtchevsky.

A partir de 1985, iniciou carreira solo, apresentando-se em centros culturais, teatros e programas de televisão. Em 1986 participou como solista do "Bolero" de Ravel, em concerto realizado com a Orquestra Sinfônica Brasileira, na Quinta da Boa Vista (RJ).

Nas áreas de publicidade e televisão, compôs e gravou diversas trilhas sonoras tais como: "Vídeo Show 90" (TV Globo); "Fronteiras do Desconhecido", "Domingo Forte" e "Escrava Anastácia" (TV Manchete), entre outros. Criou e executou a trilha sonora do média-metragem em vídeo "Alucinação Arte Abstrata", de Ricardo Nauemberg (TV Globo), que mereceu o Prêmio Leonardo Da Vinci 1989, em Milão (Itália).

Desde 1986, tem realizado apresentações individuais e com seu grupo, em diversas cidades brasileiras e, em 1989, lançou seu primeiro disco solo "Quartzo" que contou com as participações de Pepeu Gomes, Elcio Cáffaro e Carlos Martau, entre outros.

Em julho de 1989 integrou o ciclo de estudos "História do Jazz", realizado no Museu Histórico do Estado do Rio de Janeiro, em Niterói (RJ), proferindo conferência sobre o tema "Eletrônica no Jazz". Desde então, tem ministrado cursos e *workshops* de música e de informática na música, destacando-se os realizados no Musikladen e no Musikvidenskabeligt Institut (Dinamarca); PUC, Feira de Informática SUCESSU e Teatro Municipal de Niterói (RJ). Também publicou vários artigos e análises nas revistas Música & Tecnologia, Byte Brasil, BackStage e Caderno de Informática do jornal O Globo.

Em outubro de 1991 apresentou-se, juntamente com o percussionista Marcelo Salazar, no Club Montmartre, em Copenhague e Teatro Æsken, em Aurrus (Dinamarca). Realizou, também, shows solo em várias cidades dinamarquesas, divulgando o disco "Quartzo".

Em 1992, fundou sua produtora de livros de música, métodos e partituras pelo processo de editoração eletrônica.

Em 1993 gravou o CD instrumental "Baobá", no qual explora as origens rítmicas da música brasileira aliadas à linguagem jazzística, com participações de Sérgio Dias, Rui Motta e Raul Mascarenhas, entre outros.

Em 1996 gravou seu terceiro CD, "Mosaico", lançado no Brasil e EUA, no qual executa exclusivamente o piano acústico, contando com as participações de Paulo Moura, Celso Woltzenlogel, Marcos Suzano e Osvaldinho do Acordeão, entre outros.

É autor de cinco livros: "Dicionário de Acordes para Piano e Teclados", "Escalas para Improvisação", "Exercícios para Piano e Teclados", "Fazendo Música no Computador" e "Estudos para Improvisação" (Editora Irmãos Vitale). Produziu mais de 50 songbooks para várias editoras ("Elis Regina", "Barão Vermelho", "Raul Seixas", "Martinho da Vila", "Gonzaguinha" etc.) e diversos métodos ("Harmonia Prática da Bossa-Nova" – Carlos Lyra, "Método Completo de Guitarra" – Gaetano Galifi etc.).

Em outubro de 1996 foi lançado mundialmente pela Sonoton Records, o CD "Brasil Today – Luciano Alves", contendo 50 trilhas sonoras de autoria própria, com temática brasileira.

A partir de 2000 passou a apresentar-se ao piano acústico, executando obras de sua própria autoria bem como de Villa-Lobos, Ernesto Nazareth, Beethoven, Debussy, em locais como o Teatro Municipal de Niterói, Museu da República e Espaço Cultural Sérgio Porto (RJ). Em 2001 participou do festival Chorando no Rio, na Sala Cecília Meirelles, interpretando sua composição "Pipocando", incluída no CD do festival.

Em 2003 fundou o **CTMLA – Centro de Tecnologia Musical Luciano Alves** (www.ctmla.com.br), escola de música e tecnologia, onde ministra aulas de piano, teoria musical, improvisação, arranjo, teclados, *home studio* e notação musical.

Em 2009 foi lançado seu quarto CD, integralmente executado ao piano seguindo as partituras originais: "Luciano Alves interpreta Ernesto Nazareth" (gravadora Biscoito Fino). O repertório contém 11 músicas de Nazareth e uma de Luciano ("Pipocando – Homenagem a Nazareth"). A partir de 2010 Luciano passou a apresentar-se em duo com a cantora Bettina Graziani, interpretando standards da MPB, jazz e blues com arranjos inéditos. Este encontro gerou o CD "Só o que a gente gosta" (gravadora Fina Flor), lançado em 2011.

Em 2013 foi lançado o CD "Luciano Alves plays Chopin" no qual interpreta 12 peças (balada 1, prelúdios, estudos e valsas de Frédéric Chopin). Este CD foi gravado em setembro de 2013, em Nova York, utilizando um piano Steinway D Centennial e está sendo distribuído no iTunes, Amazon etc.

Em outubro de 2014 gravou e filmou em Nova York, 12 vídeos com novas performances do CD "Luciano Alves interpreta Ernesto Nazareth". Os vídeos estão disponíveis no YouTube desde janeiro de 2015.

Desde 2017, Luciano tem lançado diversos cursos online de piano e teclados que podem ser encontrados na Internet.

LIÇÃO 1

O som e seus elementos

O som é produzido por vibrações. Quando se toca um corpo elástico como, por exemplo, uma corda de violão, o mesmo vibra para os dois lados e, gradativamente, retorna à posição de repouso. No caso do violão, o som produzido é classificado de Regular pois as vibrações são simétricas. Quando as vibrações são assimétricas o som é Irregular e o resultado é apenas ruído (chuva, trovão, etc.).

Enquanto a corda vibra, produzindo o som fundamental, suas partes (1/2, 1/3, 1/4, etc.) também vibram, gerando sons parciais (harmônicos de intensidades reduzidas). Logo, o som é definido como a soma da freqüência fundamental e seus harmônicos, e possui quatro elementos:

Altura – é a propriedade que faz o som ser agudo ou grave e depende da velocidade (freqüência) das vibrações. Quanto maior a freqüência, mais agudo é o som. Por exemplo, o violino e o trompete são agudos; a viola e a trompa são médias; o contrabaixo e o bumbo são graves.

Duração – é o tempo de prolongamento do som e depende do quanto as vibrações demoram para cessar. Por exemplo, as cordas do violão duram mais tempo soando do que as do cavaquinho.

Timbre – é o que diferencia o som de um instrumento de outro. Depende de quais harmônicos são realçados juntamente com o som fundamental.

Intensidade – é a propriedade do som ser mais fraco ou mais forte em volume e depende da amplitude das vibrações.

Música e seus elementos

Música é a reunião e a combinação dos sons, dispostos e ordenados em diversos padrões que contêm até três elementos:

Melodia – é formada pela sucessão organizada de notas individuais originando frases musicais.

Ritmo – é a sucessão de sons com durações curtas ou longas que criam movimento.

Harmonia – é o agrupamento e a ordenação de sons simultâneos que mantêm relação de altura entre si.

Questionário

1. Como é produzido o som?
2. Quando o som é classificado de Regular?
3. Quando o som é Irregular?
4. Como é definido o som?
5. Quais são os quatro elementos do som?
6. O que é música e quantos elementos possui?
7. Quais são os elementos da música?

LIÇÃO 2

As notas

As notas musicais são sete: Dó, Ré, Mi, Fá, Sol, Lá e Si. No teclado, as notas são mais agudas conforme toca-se na direção da direita e mais graves para a esquerda:

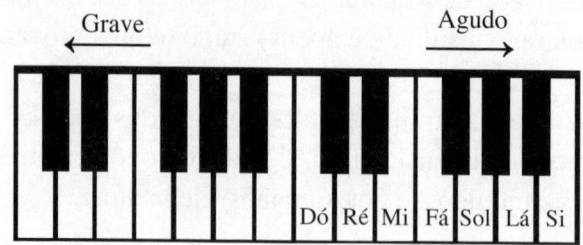

No idioma inglês, é adotado o sistema alfabético e as notas são denominadas C, D, E, F, G, A e B. No alemão, usa-se o mesmo sistema, contudo, a letra B corresponde à nota Si bemol e a H representa a nota Si. Nos idiomas latinos, utiliza-se o sistema alfabético somente para as cifras dos acordes (C7, Dm, E6, etc.).

Pauta

Pauta ou pentagrama é a reunião de cinco linhas e quatro espaços nas quais são escritas as notas musicais. As linhas e espaços são contados de baixo para cima. As notas mais agudas são escritas mais para cima da pauta e as mais graves para baixo.

Claves

São sinais que aparecem logo no início da pauta e servem para estabelecer o nome das notas. Utilizando diferentes claves, é possível escrever as notas graves e agudas dentro de uma mesma pauta. Na escrita para piano, utilizam-se as seguintes claves:

Clave de Sol na segunda linha, para as notas médias e agudas

Clave de Fá na quarta linha, para as mais graves

A clave de Sol inicia com uma curva desenhada sobre a segunda linha. Assim, ela determina que a nota escrita nesta linha se chama Sol. A partir do Sol, nomeiam-se as outras notas que são escritas na mesma pauta. Esta é a clave mais usada para escrever as notas a serem tocadas com a mão direita no piano.

Sol

O desenho da clave de Fá inicia com uma pequena bola seguida de uma curva para cima e depois para baixo. A clave de Fá na quarta linha possui um ponto acima e um abaixo dessa linha, indicando que a nota escrita nesse local se chama Fá. A partir daí, as outras notas são nomeadas. Esta é a clave usada para escrever as notas a serem tocadas com a mão esquerda no piano.

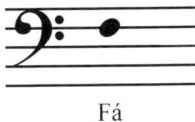

Fá

Exercício – Desenhe as claves de Sol e de Fá conforme o modelo:

Observação: Na Lição 56, encontram-se descritas as diversas claves utilizadas para instrumentos e vozes das regiões graves e agudas.

Questionário

1. Quantas são as notas musicais?
2. Quais são as notas musicais?
3. O que ocorre quando toca-se as notas na direção da direita do teclado?
4. O grave é mais à esquerda ou à direita no teclado?
5. O que é pauta?
6. As notas escritas mais para cima da pauta são mais graves ou mais agudas?
7. O que são claves?
8. Quais as claves utilizadas na escrita de música para piano?
9. Em qual linha é escrita a nota Sol na clave de Sol?
10. Em qual linha é escrita a nota Fá na clave de Fá?

LIÇÃO 3

As notas na clave de Sol

A partir da nota Sol, descendo através das linhas e espaços da pauta, como em uma escada, chega-se à nota Dó central do piano que também é chamada de Dó3. Esta nota está localizada perto da fechadura do piano e é escrita na primeira linha suplementar inferior. As linhas suplementares são abordadas na Lição 6.

 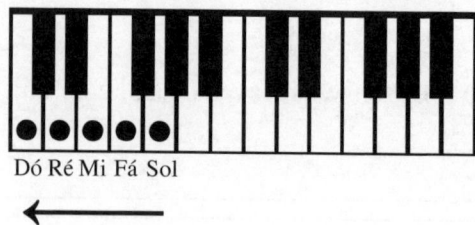

Subindo a escada, chega-se ao Dó4. Este é o Dó localizado oito notas acima do Dó central.

 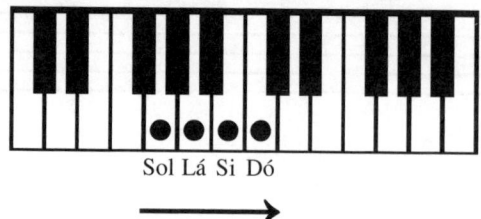

Assim já é possível escrever as notas da escala de Dó na clave de Sol. Já que de Dó a Dó existem oito notas, esta extensão é chamada de oitava.

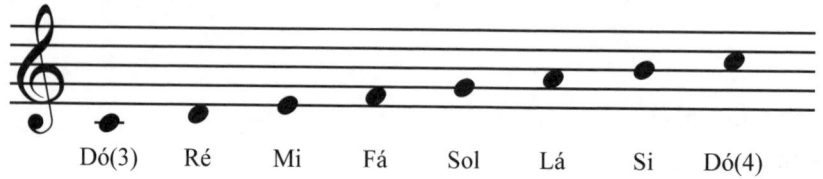

As notas na clave de Fá

Subindo através das linhas e espaços da pauta, como em uma escada, chega-se à nota Dó central do piano.

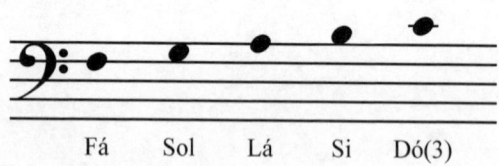 

Descendo a escada chega-se ao Dó2. Este é o Dó uma oitava abaixo do Dó central.

 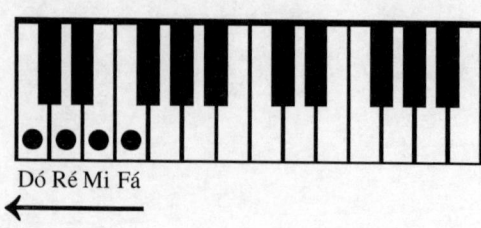

Assim, já é possível escrever as notas de Dó a Dó na clave de Fá:

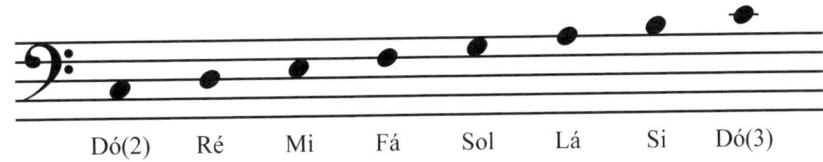

Exercício 1 – Escreva o nome das notas:

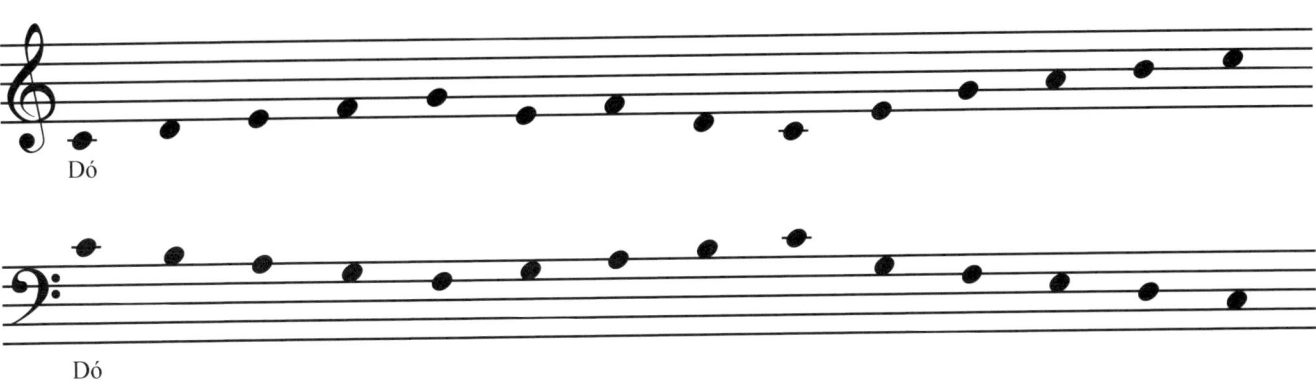

Exercício 2 – Escreva as notas:

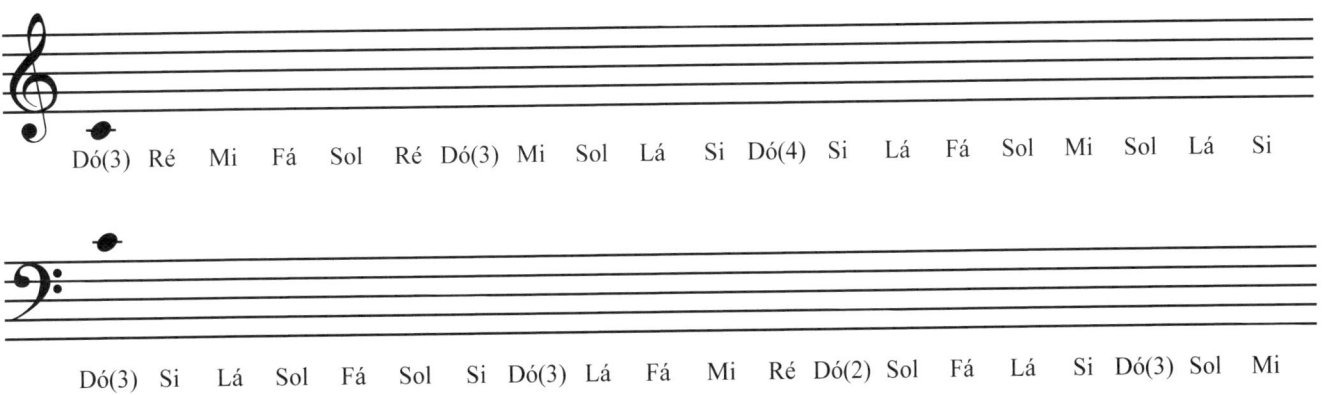

Questionário

1. Qual é o número do Dó central do piano?
2. Onde fica localizado o Dó central no piano?
3. Onde é escrito o Dó central, na clave de Sol?
4. Onde é escrito o Dó uma oitava acima do Dó central, na clave de Sol?
5. Como é chamada a extensão de oito notas?
6. A nota Dó central na clave de Fá é escrita dentro ou fora da pauta?
7. Onde é escrito o Dó uma oitava abaixo do Dó central na clave de Fá?

LIÇÃO 4

Figuras rítmicas

Figuras rítmicas ou valores são símbolos que representam a duração dos sons e do silêncio entre os mesmos.

As figuras Positivas são usadas para representar as durações das notas a serem tocadas durante um determinado tempo. Essas figuras são escritas com bolas e hastes (com exceção da semibreve que não possui haste). As bolas são chamadas de cabeças de nota e podem ser vazias ou cheias, dependendo da figura. A linha vertical acoplada à cabeça de nota é chamada de haste. À direita da haste são acrescentadas de uma a quatro bandeirolas, da colcheia até a semifusa.

Neste livro, as figuras serão detalhadas gradativamente, contudo, para que se tenha uma visão geral, as sete figuras Positivas utilizadas atualmente no sistema musical são:

Os espaços de silêncio existentes entre a execução de uma nota e outra também são representados quando se escreve música. Neste caso, usam-se figuras Negativas, ou seja, pausas. Cada figura Positiva tem uma pausa correspondente. As sete pausas são:

Semibreve Mínima Semínima Colcheia Semicolcheia Fusa Semifusa

Quando se escreve seguidamente várias colcheias, semicolcheias, fusas e semifusas, as hastes podem ser unidas por traços horizontais. As colcheias são unidas por uma linha horizontal; as semicolcheias por duas e assim por diante.

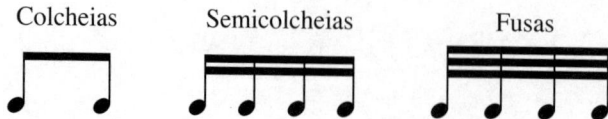

Para facilitar a visualização, as notas localizadas abaixo da terceira linha da pauta são escritas com haste para cima e as demais são com haste para baixo. A nota da terceira linha pode ter haste para cima ou para baixo.

Em partituras antigas (até o período renascentista) é possível encontrar as figuras breve (‖o‖), longa (⊟) e máxima (⊟), que deixaram de ser utilizadas. A breve vale o dobro da semibreve; a longa vale o dobro da breve e a máxima vale o dobro da longa.

Exercício 1 – Escreva as notas com as figuras pedidas, como no modelo:

Exercício 2 – Copie o modelo na pauta de baixo e escreva o nome de cada nota e figura:

Exercício 3 – Copie o modelo e escreva o nome de cada pausa:

Questionário

1. O que são figuras rítmicas?
2. Para que são usadas as figuras Positivas?
3. Quais são as sete figuras utilizadas atualmente?
4. Com que tipo de figuras são representados os tempos de silêncio?
5. Quais figuras podem ser unidas com traços horizontais?
6. As notas localizadas abaixo da terceira linha da pauta são escritas com hastes para cima ou para baixo?
7. Quais são as figuras que deixaram de ser utilizadas?

LIÇÃO 5

Figuras até a semínima

As figuras rítmicas (valores) possuem entre si uma relação fixa: cada figura vale o dobro da seguinte. A semibreve é a figura de maior valor e a única que contém todas as demais. Esta é a figura de duração inteira.

Em relação à semibreve, a mínima vale a metade e a semínima vale um quarto. No quadro abaixo, os algarismos à esquerda determinam qual figura vale um tempo, como será visto a partir da Lição 10 (Fórmula de compasso).

1	Semibreve	o	Nota inteira
2	Mínima	𝅗𝅥	Metade da inteira
4	Semínima	♩	Quarto da inteira

Os números das figuras exprimem, também, a própria relação das mesmas com a semibreve. Por exemplo, no espaço de duração de uma semibreve, é possível colocar duas mínimas ou quatro semínimas, como mostra o seguinte esquema:

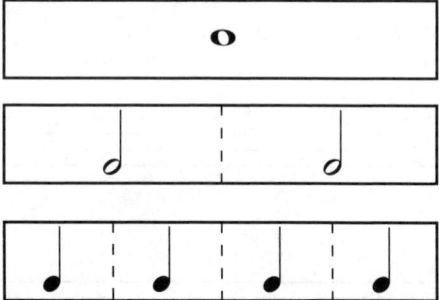

No sentido horizontal, como em uma pauta, esta relação fica assim:

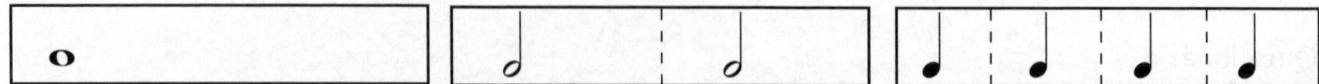

Para fazer a leitura rítmica destas figuras, considerando que a semibreve possui quatro divisões, bata palmas junto com cada traço vertical (divisão), em espaços regulares de tempo, e pronuncie a sílaba "tá" junto com as figuras. A sílaba deve ser prolongada conforme a extensão da linha horizontal:

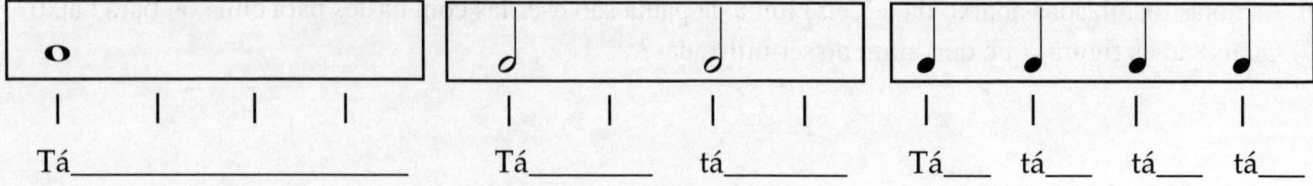

Tá_____   Tá_____ tá_____   Tá___ tá___ tá___ tá___

A pauta a seguir é uma leitura métrica (notas musicais adicionadas às figuras rítmicas). Faça a leitura pronunciando os nomes das notas sem entoar seus sons. Em seguida, faça o solfejo, entoando o som das notas, com auxílio de um instrumento, e pronunciando seus nomes. Force a pronúncia das vogais (o, e, i, etc.) junto com as palmas, onde houver semibreves e mínimas, para facilitar a manutenção da pulsação.

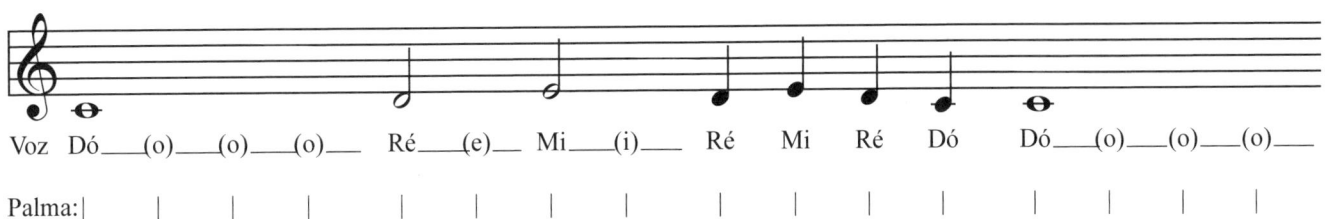

Entre estas figuras há equivalências nas seguintes proporções:

Uma semibreve = duas mínimas = quatro semínimas

Uma mínima = duas semínimas

A mínima = metade da semibreve

A semínima = metade da mínima = um quarto da semibreve

Observação: A semibreve é considerada inteira (1/1) por ser a figura que compreende todas as demais. A mínima é a metade (1/2) da inteira e a semínima é um quarto (1/4). Na língua inglesa, estas figuras são denominadas *whole*, *half* e *quarter notes*, respectivamente.

Exercício 1 – Leitura rítmica. Pronuncie "tá" junto com as figuras, considerando a semibreve com quatro divisões:

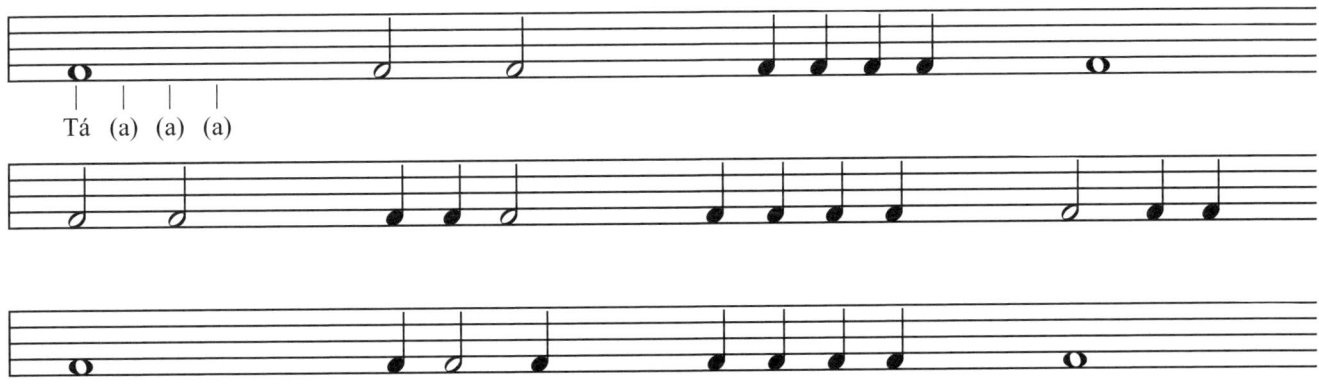

Exercício 2 – Leitura métrica. Diga o nome das notas (sem entoar seus sons) junto com as figuras, considerando quatro divisões para a semibreve:

Exercício 3 – Solfejo. Cante entoando o som das notas (semibreve com quatro divisões).

Exercício 4 – Escreva um solfejo do Dó3 ao Dó4 usando semibreves, mínimas e semínimas.

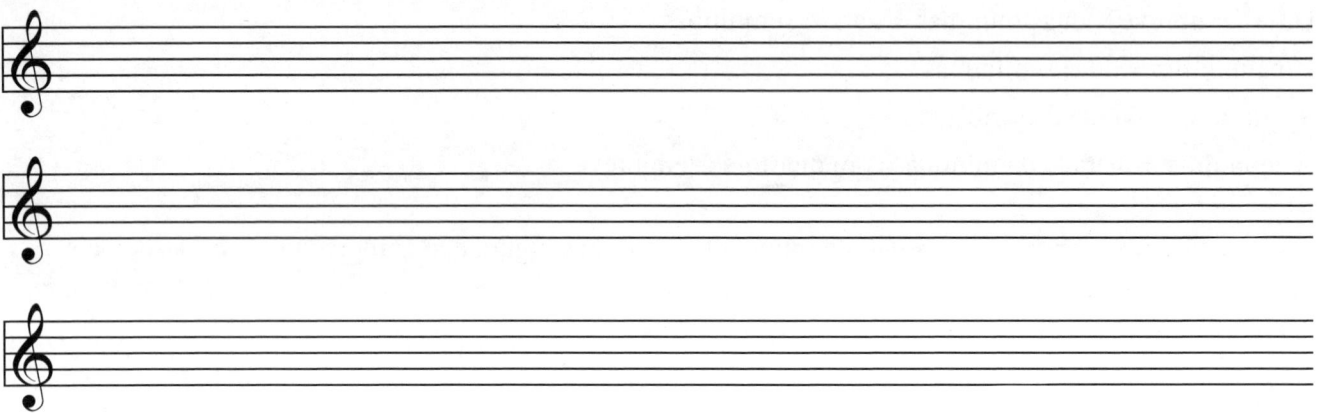

Questionário

1. Qual é a figura de maior valor?
2. Quanto vale a mínima em relação à semibreve?
3. Quanto vale a semínima em relação à semibreve?
4. Quantas mínimas pode-se colocar no espaço de uma semibreve?
5. Quantas semínimas pode-se colocar no espaço de uma semibreve?

LIÇÃO 6

Linhas suplementares

As linhas suplementares são usadas para escrever as notas que não cabem dentro da pauta como, por exemplo, as notas acima do Fá4 e abaixo do Mi3 na clave de Sol. Ao escrever as notas mais para cima (agudo) ou para baixo (grave), nota-se que as cinco linhas da pauta são insuficientes. Por isso são usadas linhas adicionais, ou seja, suplementares. As linhas escritas acima da pauta são denominadas suplementares Superiores e as abaixo suplementares Inferiores.

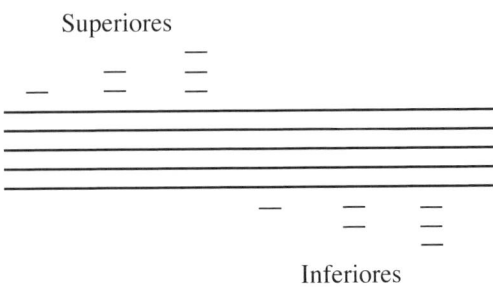

O Dó central, por exemplo, é escrito na primeira linha suplementar Inferior da clave de Sol ou na primeira linha suplementar Superior da clave de Fá:

Os espaços suplementares também são contados e podem ser Superiores ou Inferiores. A nota Ré na clave de Sol (acima do Dó central) está no primeiro espaço suplementar Inferior da pauta de cima. A nota Si na clave de Fá (abaixo do Dó central) está no primeiro espaço suplementar Superior da pauta de baixo.

Questionário

1. Para que são usadas as linhas suplementares?
2. Onde são escritas as linhas suplementares Superiores?
3. Onde são escritas as linhas suplementares Inferiores?
4. Em que linha suplementar é escrito o Dó central, na clave de Sol?
5. Em que linha suplementar é escrito o Dó central, na clave de Fá?
6. Em que espaço suplementar é escrita a nota Ré, acima do Dó central, na clave de Sol?
7. Em que espaço suplementar é escrita a nota Si, abaixo do Dó central, na clave de Fá?

LIÇÃO 7

Notas de Dó a Dó (quatro oitavas)

O Dó4 na clave de Sol é escrito no terceiro espaço da pauta. A partir dele, subindo através de cada linha e espaço chega-se ao Dó5. As notas acima da pauta serão escritas nas linhas e espaços suplementares Superiores.

O Sol4 (acima da pauta) fica no primeiro espaço suplementar Superior. O Lá seguinte está na primeira linha suplementar Superior e assim por diante.

A escala de Dó Maior em duas oitavas (do Dó3 ao Dó5), na clave de Sol, é escrita na pauta, da seguinte maneira:

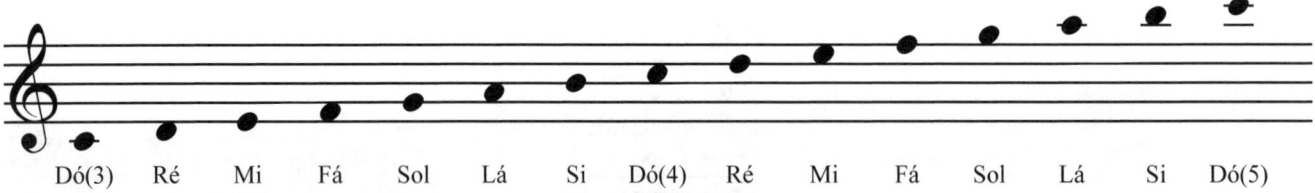

Como já visto, as notas do Dó2 ao Dó3, na clave de Fá, são escritas da seguinte forma:

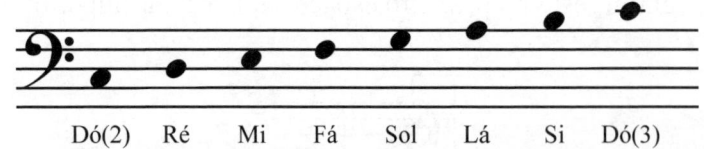

A escala de Dó Maior em duas oitavas (do Dó1 ao Dó3), na clave de Fá, fica assim:

Até aqui foram descritas as notas de quatro oitavas do piano (Dó1 ao Dó5). As notas nas demais oitavas encontram-se nas Lições 13 e 26, complementando a escrita de todas as notas do piano, já que a maioria dos modelos possui 88 teclas.

Exercício 1 – Escreva as notas de Dó3 a Dó5 na pauta (clave de Sol):

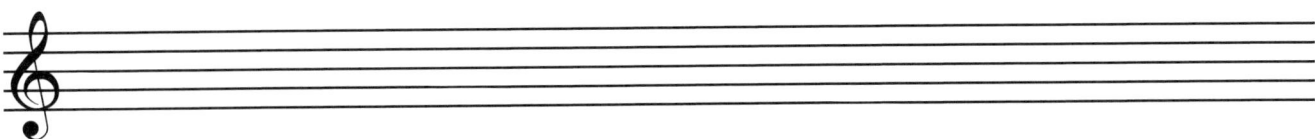

Exercício 2 – Escreva as notas de Dó1 a Dó3 na pauta (clave de Fá):

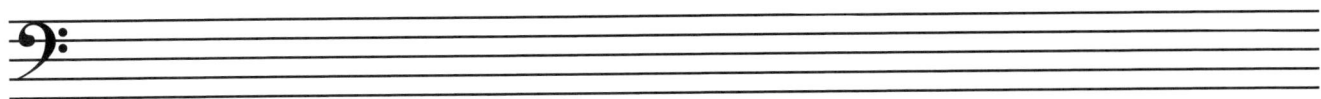

Exercício 3 – Escreva o nome das notas de acordo com as claves:

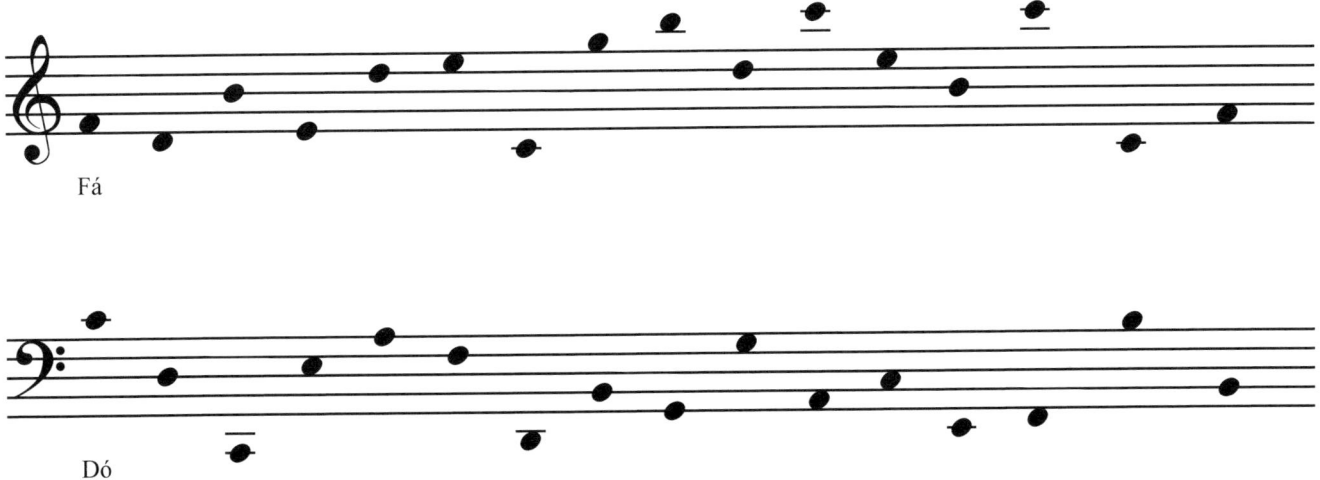

Questionário

1. Onde é escrito o Dó4 na clave de Sol?
2. Em que espaço suplementar é escrita a nota Sol4, na clave de Sol?
3. Quantas teclas possui a maioria dos modelos de piano?

LIÇÃO 8

Memorizando as notas

Uma maneira fácil de memorizar os locais das notas na pauta (claves de Sol e de Fá) é pronunciando seus nomes enquanto olha-se para cada uma. Primeiramente, é necessário memorizá-las subindo em uma oitava por pauta:

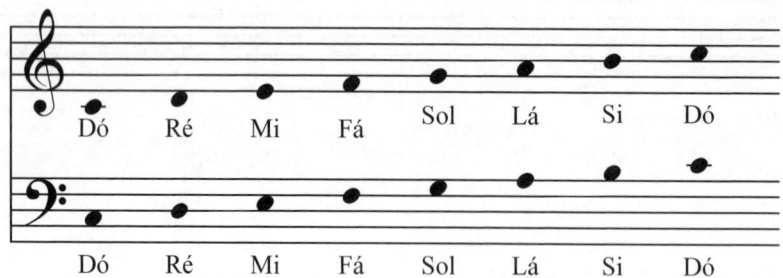

Em seguida, subindo e descendo:

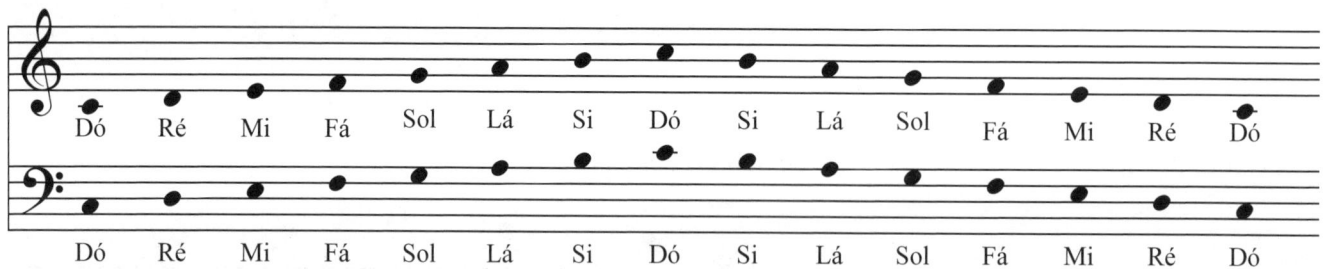

Depois, subindo duas oitavas:

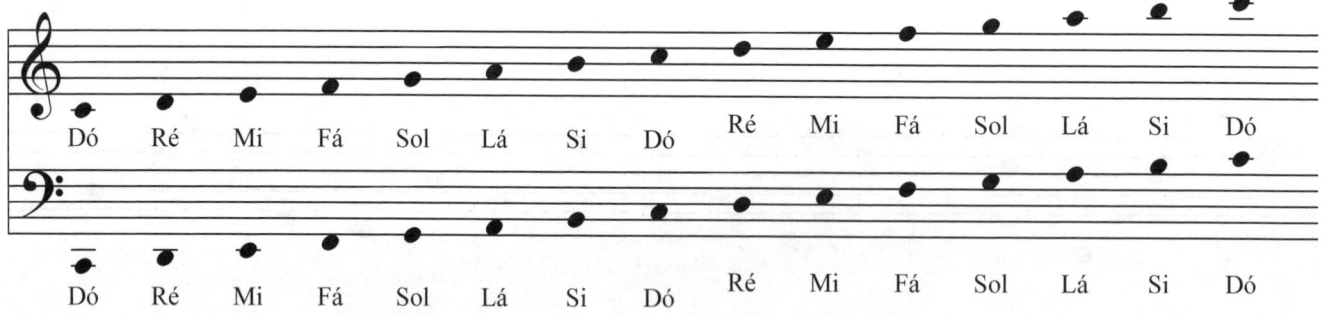

Por último, subindo e descendo duas oitavas sem parar:

As notas podem ser, também, memorizadas observando-se as que estão localizadas nas linhas e as que estão nos espaços (nas duas claves). Repare que sempre uma nota é pulada.

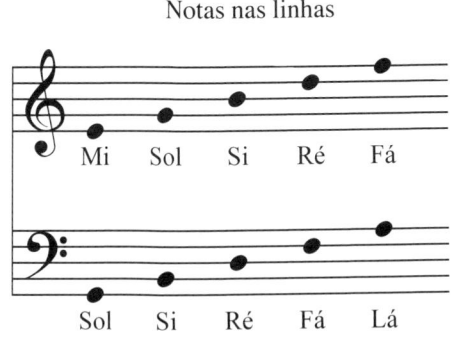

Pode-se utilizar este método, também, para memorizar as notas nas linhas e nos espaços suplementares Superiores e Inferiores que, nos exemplos abaixo, passam do Dó1 para baixo e do Dó5 para cima:

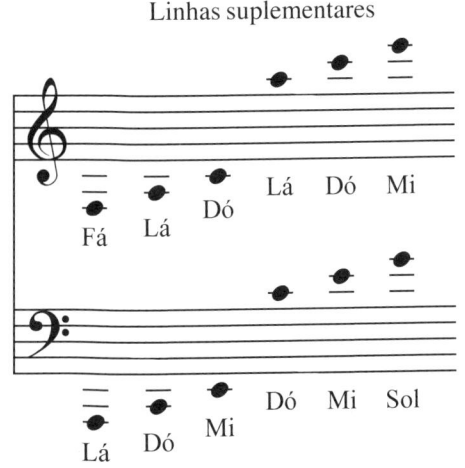

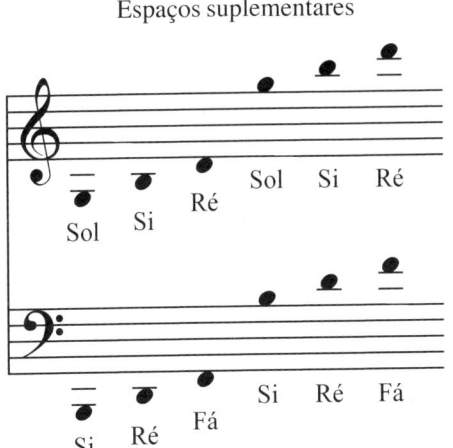

Questionário

1. Quais são as notas escritas nas linhas da pauta, na clave de Sol?
2. Quais são as notas escritas nos espaços da pauta, na clave de Sol?
3. Quais são as notas escritas nas linhas da pauta, na clave de Fá?
4. Quais são as notas escritas nos espaços da pauta, na clave de Fá?
5. Qual é a nota escrita na terceira linha suplementar Superior da clave de Sol?
6. Qual é a nota escrita na terceira linha suplementar Inferior da clave de Fá?

LIÇÃO 9

Ponto de aumento

Um ponto colocado do lado direito de uma figura aumenta a metade de sua duração. Por exemplo, uma figura que equivale a duas divisões (tempos), com um ponto valerá três.

Se a semibreve vale quatro tempos, com um ponto valerá seis: o. = o + d

Se a mínima vale dois tempos, com um ponto valerá três: d. = d + d

As pausas também podem ser pontuadas e seguem a mesma regra da pontuação das respectivas figuras Positivas.

Se a pausa da semibreve vale quatro tempos, com um ponto valerá seis: ▬. = ▬ + ▬

Se a pausa da mínima vale dois tempos, com um ponto valerá três: ▬. = ▬ + ξ

Ligadura

A ligadura também é chamada de ligadura de prolongação ou de nota. Quando duas notas de mesmo nome e altura estão ligadas, a segunda não é tocada mas mantém-se o valor de sua figura rítmica.

Se a semibreve vale quatro tempos e está ligada a uma mínima de nota igual, a execução deverá durar seis tempos: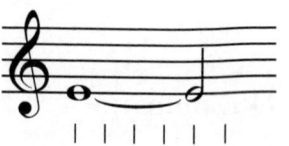

Se a mínima vale dois tempos e está ligada a uma semínima de nota igual, a execução deverá durar três tempos:

Logo, quando na pauta aparece uma semibreve pontuada, seu tempo corresponde a uma semibreve ligada a uma mínima de nota igual.

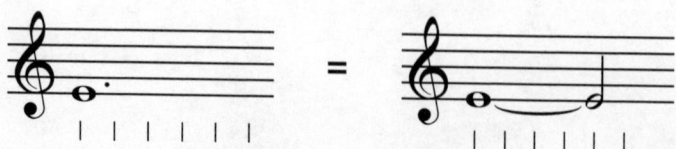

A mínima pontuada possui o mesmo número de tempos que uma mínima ligada a uma semínima de nota igual.

Há um outro tipo de ligadura que é a de expressão ou de articulação. Trata-se de uma ligadura extensa, que passa por várias notas de nomes e sons diferentes indicando que as mesmas devem ser tocadas bem ligadas. Este tipo é detalhado na Lição 25.

Exercício – Treine a seguinte leitura rítmica, pronunciando "tá", respeitando os tempos dos pontos e das ligaduras (considerando que a semibreve tem quatro tempos). Onde houver pausa, pronuncie "um" (quase mudo) para manter o ritmo:

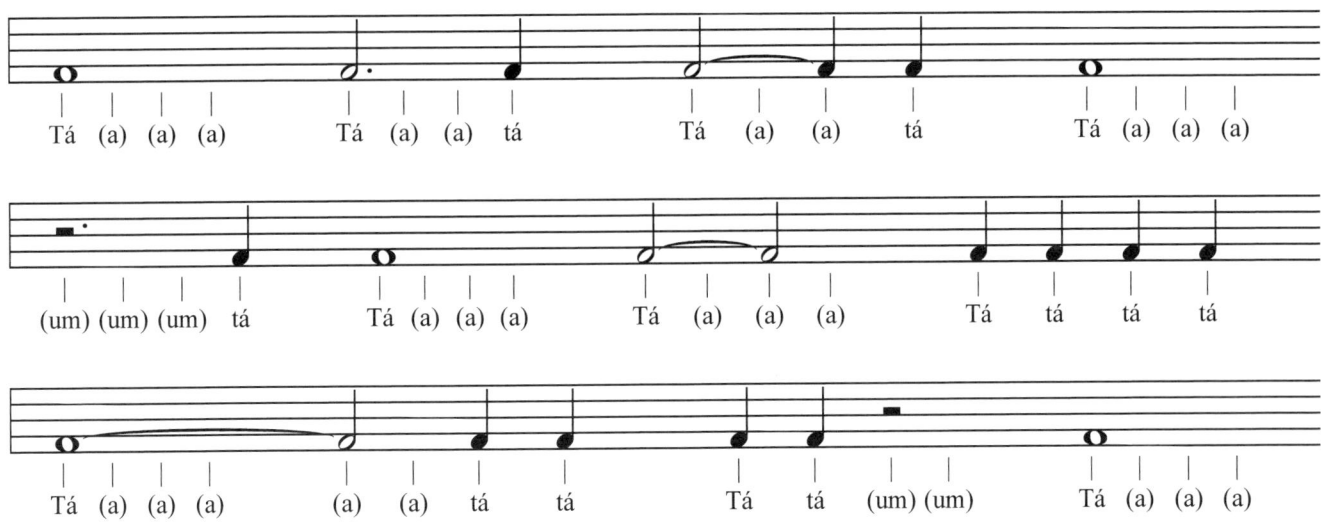

Questionário

1. O que faz um ponto colocado à direita de uma figura?
2. A semibreve valendo quatro tempos, quanto valerá com um ponto?
3. A pausa da mínima valendo dois tempos, quanto valerá com um ponto?
4. Como se chama a ligadura aplicada em notas iguais?
5. Quando duas notas de mesmo nome e altura estão ligadas, a segunda deve ser tocada?
6. Uma mínima pontuada possui o mesmo tempo que uma mínima ligada a uma semínima de nota igual?

LIÇÃO 10

Compasso

Compasso é o espaço no qual se agrupa um tempo de apoio (forte) seguido de alguns tempos mais fracos. Ao ouvir uma música, automaticamente marcamos os tempos batendo com o pé no chão ou acompanhando com palmas. Na escrita musical, esses tempos são agrupados na pauta e os agrupamentos são separados por barras verticais denominadas barras de compasso.

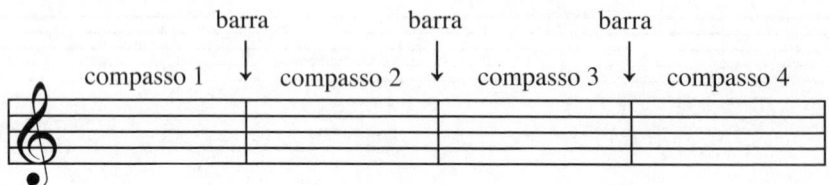

Compassos simples

Alguns tempos possuem características mais fortes do que os outros pois os músicos acentuam mais nos tempos de apoio. A batida de apoio corresponde ao primeiro tempo de um grupo de tempos. Quando marca-se a primeira batida (forte) seguida de uma mais fraca, o compasso é de dois tempos ou seja, binário. Quando há uma batida forte e duas mais fracas, o compasso é de três tempos, ou seja, ternário, e quando a música pulsa em quatro tempos o compasso é quaternário. Os compassos binário, ternário e quaternário são classificados como compassos Simples.

Fórmula de compasso

Na escrita musical, é necessário indicar quantos tempos existem em um compasso e qual é a figura rítmica que representa a pulsação de um tempo. Por isso, no início de toda música escrita, aparece a fórmula de compasso que é formada por dois números sobrepostos, escritos à direita da clave.

No compasso Simples binário, por exemplo, o número superior será sempre dois e o inferior poderá ser quatro, indicando que cada tempo será representado pela semínima:

Os números inferiores mais utilizados são: 4 (semínima valendo um tempo), 8 (colcheia valendo um tempo) e 16 (semicolcheia valendo um tempo).

Compasso binário

No compasso binário, os tempos são agrupados de dois em dois, ou seja, em cada compasso existem dois tempos, como mostra o seguinte exemplo que possui quatro compassos:

Na fórmula de compasso 2/4 (diz-se dois por quatro) o número superior indica que cada compasso tem dois tempos. O inferior mostra qual é a Unidade de Tempo ou seja, a figura que representa um tempo.

Conforme o quadro das figuras da Lição 5, a semínima corresponde ao número quatro, logo, no 2/4 a semínima é a Unidade de Tempo e em cada compasso cabem duas semínimas.

A figura que preenche os dois tempos do compasso 2/4 é a mínima, já que duas semínimas equivalem a uma mínima. Por isso, no 2/4 a mínima representa a Unidade de Compasso pois ela é a figura que, sozinha, preenche um compasso.

Além da barra de compasso há ainda a barra dupla que é usada para separar trechos musicais, e a barra final que indica o fim da música, como mostra o seguinte solfejo:

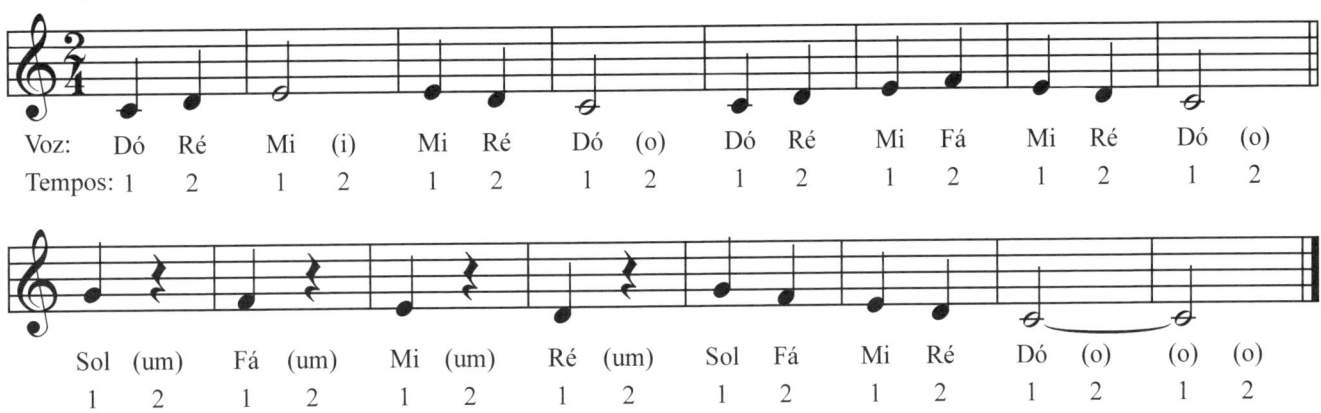

Observações: A bossa-nova e o samba também são escritos em compasso binário mas o segundo tempo é bem acentuado pelo surdo e pelo contrabaixo.

Outro compasso binário utilizado é o 2/2 (também representado como ¢). No 2/2, a mínima é a Unidade de Tempo e a semibreve é a Unidade de Compasso. Este compasso é detalhado na Lição 12.

Questionário

1. O que é compasso?
2. O que separa os agrupamentos de tempos na pauta?
3. Quais são os compassos Simples?
4. Para que serve a fórmula de compasso que aparece à direita da clave?
5. Quantos tempos tem o compasso binário?
6. Qual o número superior do compasso binário?
7. A Unidade de Tempo é representada pelo número superior ou inferior da fórmula de compasso?
8. O que é Unidade de Tempo?
9. Qual é a Unidade de Tempo no 2/4?
10. Quantas semínimas cabem no compasso 2/4?
11. Qual a figura que representa a Unidade de Compasso no 2/4?
12. O que é Unidade de Compasso?
13. Para que servem a barra dupla e a barra final?

LIÇÃO 11

Compasso ternário

O compasso de três tempos (ternário) é formado por um tempo forte seguido de dois fracos, como em uma valsa, por exemplo.

Na fórmula 3/4 (três por quatro) o número superior indica a quantidade de tempos de cada compasso. O número inferior mostra qual é a figura que representa um tempo (semínima, de acordo com o quadro da relação entre as figuras). Logo, o compasso 3/4 pode ter três semínimas por compasso, como mostra o seguinte exemplo:

A figura que preenche os três tempos do compasso ternário é a mínima pontuada. Como mencionado na Lição 5, duas semínimas equivalem a uma mínima e o ponto colocado à direita de uma figura aumenta metade de seu valor, logo, o ponto equivale a um tempo.

Assim, no compasso 3/4 a semínima representa a Unidade de Tempo e a mínima pontuada é a Unidade de Compasso.

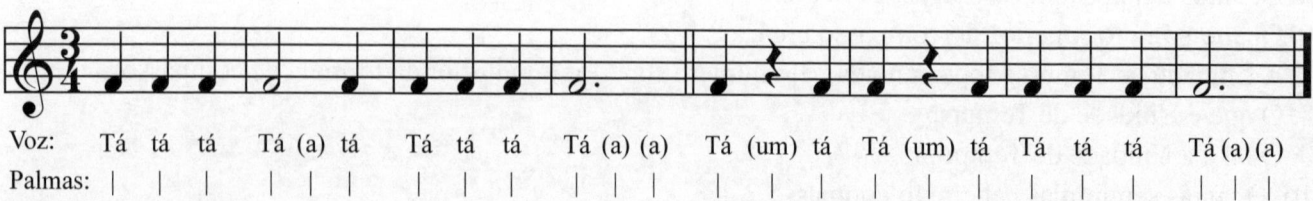

Nas músicas em compasso ternário pode-se ter várias combinações com as figuras rítmicas que já foram estudadas até aqui, como na leitura rítmica a seguir. Na leitura rítmica pronuncia-se a sílaba "um" quando ocorre uma pausa. Esta prática ajuda a manter a pulsação dos tempos.

Exercício – Estude o seguinte solfejo que inclui pausas, notas iguais ligadas, figuras pontuadas, etc.

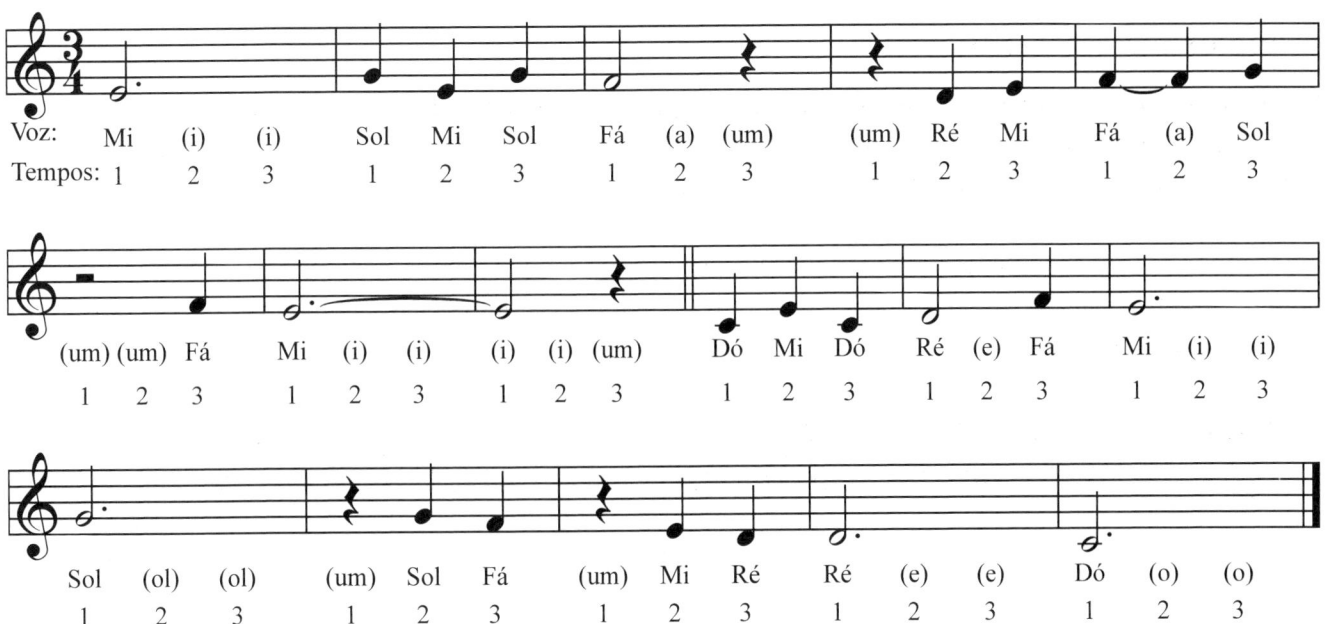

Questionário

1. Como é formado o compasso ternário?
2. A valsa é composta de quantos tempos?
3. O compasso 3/4 pode ter quantas semínimas por compasso?
4. Qual é a figura que representa a Unidade de Tempo no 3/4?
5. Qual é a figura que representa a Unidade de Compasso no 3/4?

LIÇÃO 12

Compasso quaternário

O compasso quaternário é formado por um tempo forte seguido de três mais fracos. Neste compasso, eventualmente, o terceiro tempo é um pouco mais forte que o segundo e o quarto. Por isso o terceiro tempo é considerado meio forte por alguns teóricos.

Na fórmula 4/4 (quatro por quatro), o número superior indica a quantidade de tempos de cada compasso. O número inferior mostra qual é a figura que representa um tempo. Logo, o compasso 4/4 pode ter quatro semínimas por compasso.

A figura que preenche os quatro tempos do compasso quaternário é a semibreve. Como mencionado na Lição 5, quatro semínimas equivalem a uma semibreve. Assim, no compasso 4/4 a semínima representa a Unidade de Tempo e a semibreve é a Unidade de Compasso.

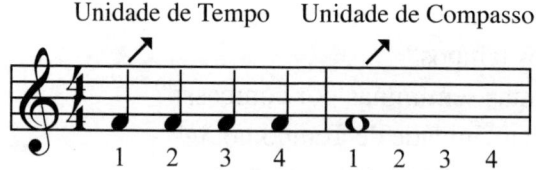

A fórmula do compasso 4/4 pode ser representada, também, pelo símbolo **C**, colocado logo após a clave:

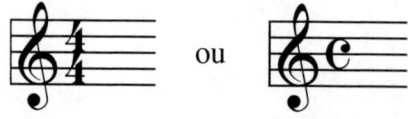

Nas músicas em 4/4, pode-se ter inúmeras combinações com as figuras que já foram vistas (semibreve, mínima e semínima), como mostra a seguinte leitura rítmica:

Comumente, músicas em quatro pulsações são escritas em compasso 2/2 (também representado pelo símbolo ¢ ou pelo termo *Alla Breve*). Isto deve-se ao fato de que, em andamentos rápidos, é mais fácil contar o 4/4 subdividido em 1, 2. As pulsações são as mesmas que no 4/4 mas a contagem em 2/2 fica mais espaçada. Além disso, no 2/2 as colcheias são agrupadas de quatro em quatro, o que facilita a leitura.

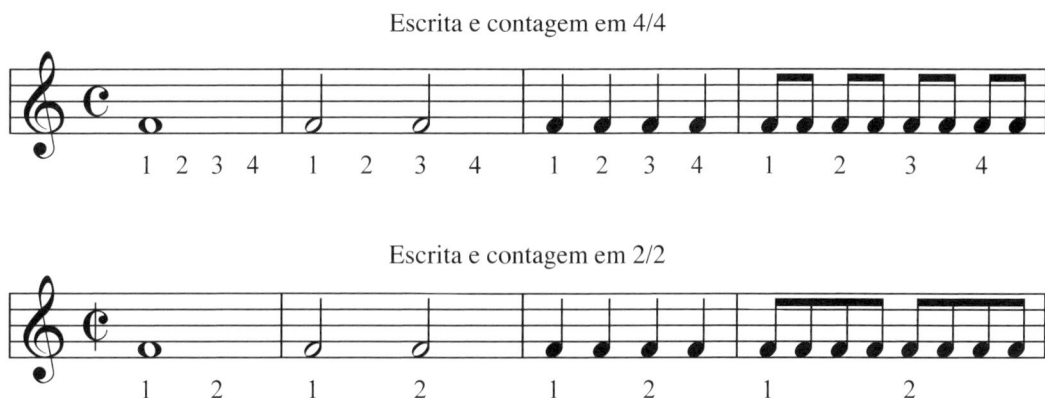

Exercício 1 – Faça a leitura rítmica, métrica e o solfejo das pautas abaixo:

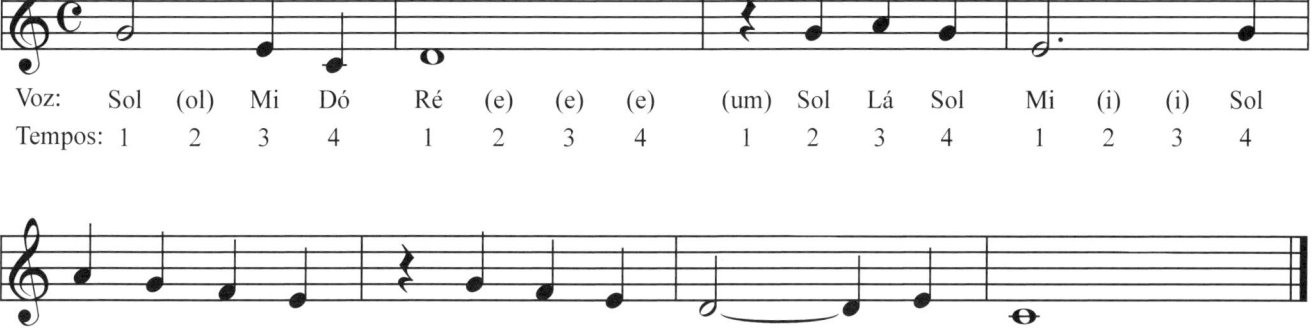

Questionário

1. Como é formado o compasso quaternário?
2. O 4/4 pode ter quantas semínimas por compasso?
3. Qual é a figura que representa a Unidade de Tempo no 4/4?
4. Qual é a figura que representa a Unidade de Compasso no 4/4?
5. Que símbolo pode ser usado no lugar dos números da fórmula de compasso 4/4?

LIÇÃO 13

Notas de Dó a Dó (seis oitavas)

Até aqui foram mostradas as notas do Dó1 (clave de Fá) até o Dó5 (clave de Sol). Para continuar subindo e descendo, usam-se as linhas e espaços suplementares Superiores e Inferiores em ambas as claves. A escala de Dó Maior em três oitavas (do Dó3 ao Dó6) na clave de Sol pode ser escrita da seguinte forma:

Do Dó-1 ao Dó3 na clave de Fá:

Algumas notas na clave de Sol podem ser escritas abaixo do Dó3:

Também, na clave de Fá, algumas notas podem ultrapassar o Dó3:

Na escrita para piano, que utiliza as duas claves, muitas vezes as notas da clave de Sol ultrapassam o Dó3 para baixo (grave). Também, na clave de Fá, podem ser escritas notas acima do Dó3 (agudo):

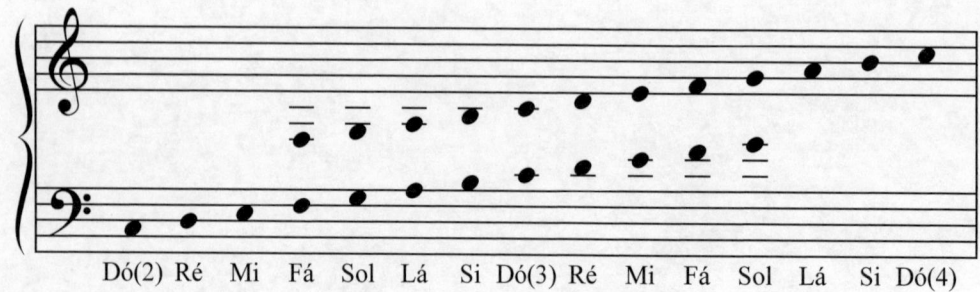

Nesses casos, para evitar o uso de linhas suplementares acima da pauta de baixo, pode-se escrever as notas a partir do Dó3 utilizando a pauta de cima, na clave de Sol (exemplo à esquerda), ou avisando na pauta de baixo, que a clave mudou para Sol (exemplo à direita):

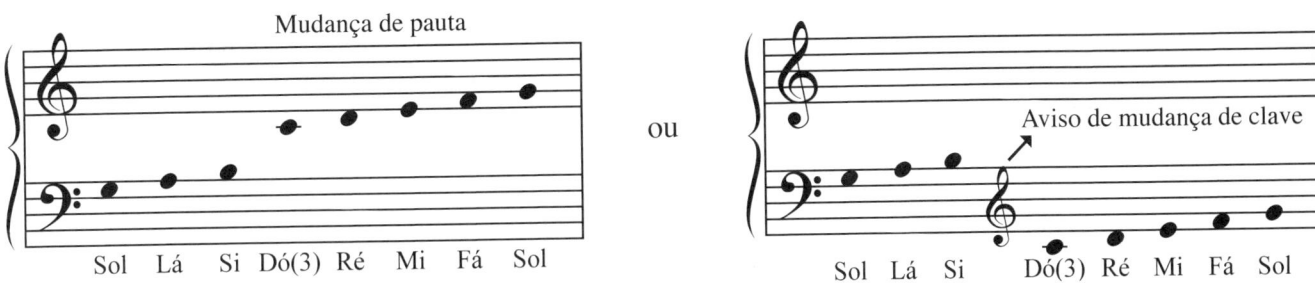

Tratando-se ainda de notação para piano, as notas da pauta de cima, abaixo do Dó3, podem ser escritas na pauta de baixo (clave de Fá) ou na própria pauta de cima, incluindo aviso de mudança de clave. A adoção de uma ou outra forma de escrita musical depende do autor. Outro artifício que facilita a leitura das notas que ultrapassam a pauta é a linha de oitava, descrita na Lição 26.

Observação: Nas partituras de música clássica, é comum encontrar notas escritas com muitas linhas suplementares Superiores e Inferiores.

Exercício 1 – Escrever o nome das notas (clave de Sol):

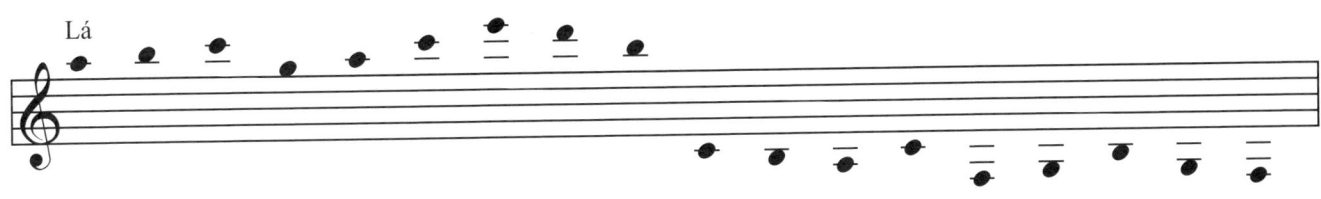

Exercício 2 – Escrever o nome das notas (clave de Fá):

Questionário

1. Pode-se escrever notas abaixo do Dó3 na clave de Sol?
2. Pode-se escrever notas acima do Dó3 na clave de Fá?
3. Na notação para piano, como podem ser escritas as notas da pauta de baixo, a partir do Dó3?
4. As partituras de música clássica podem apresentar muitas linhas suplementares?

LIÇÃO 14

Figuras até semicolcheia

No quadro da relação entre as figuras abaixo, são introduzidas as figuras colcheia e semicolcheia, além das que foram apresentadas na Lição 5 (semibreve, mínima e semínima). Os algarismos à esquerda do quadro podem ser utilizados para o número inferior das fórmulas de compasso.

1	Semibreve	o	Nota inteira
2	Mínima	♩	Metade da inteira
4	Semínima	♩	Quarto da inteira
8	Colcheia	♪	Oitavo da inteira
16	Semicolcheia	♬	16ª parte da inteira

Este é o esquema de equivalência destas figuras:

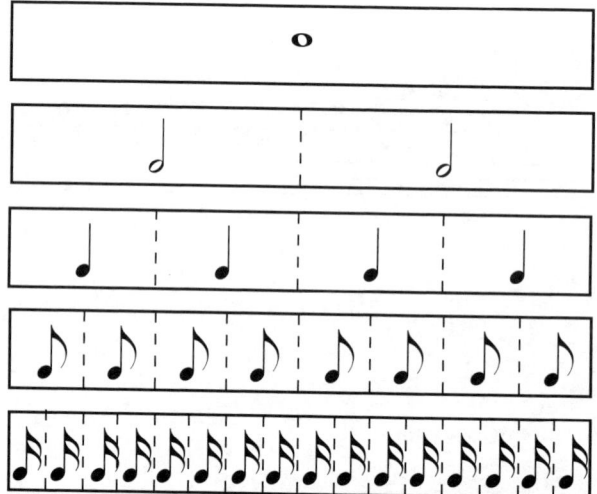

Para fazer a leitura rítmica a seguir, bata palmas junto com os traços verticais em espaços de tempo regulares e pronuncie "tá" junto com as figuras. Mantenha um andamento lento e repare que o número de figuras dobra a cada novo retângulo:

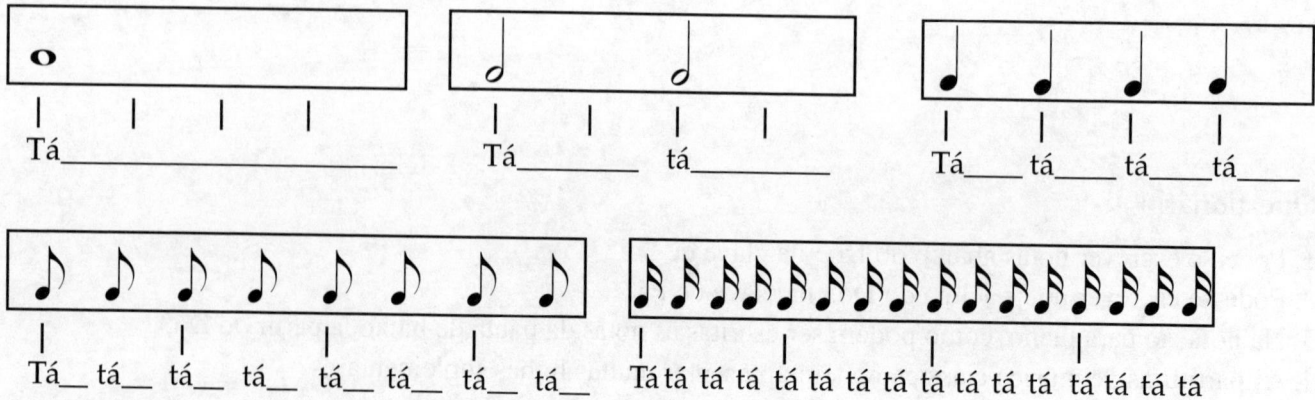

Na pauta, a mesma leitura rítmica, incluindo a fórmula de compasso 4/4, é escrita de acordo com o exemplo a seguir. O andamento deve ser lento para possibilitar a pronúncia das semicolcheias.

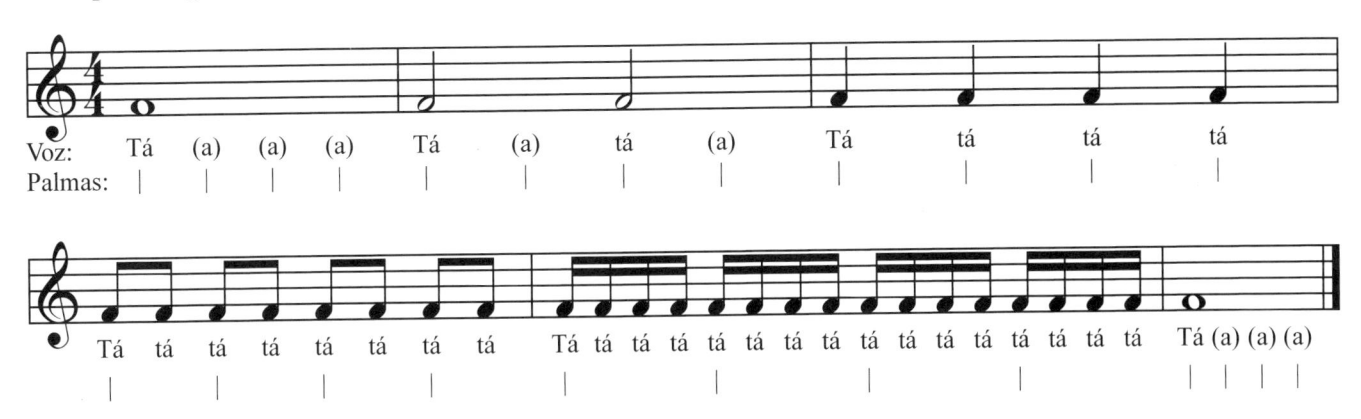

Voz: Tá (a) (a) (a)   Tá (a) tá (a)   Tá tá tá tá
Palmas: | | | | | | | | | | | |

Tá tá tá tá tá tá tá tá   Tá tá tá tá tá tá tá tá tá tá tá tá tá tá tá tá   Tá (a) (a) (a)

Entre essas figuras há uma equivalência na seguinte proporção:

Uma semibreve = duas mínimas = 4 semínimas = 8 colcheias = 16 semicolcheias

Uma mínima = duas semínimas = 4 colcheias = 8 semicolcheias

A mínima = metade da semibreve

A semínima = metade da mínima = um quarto da semibreve

A colcheia = metade da semínima = um quarto da mínima = um oitavo da semibreve

A semicolcheia = metade da colcheia = um quarto da semínima = um oitavo da mínima = 1/16 da semibreve

Observação: Na língua inglesa, a colcheia e a semiclocheia são denominadas, respectivamente, *eighth* e *sixteenth notes*.

A seguir, uma leitura rítmica misturando figuras da semibreve à semicolcheia. O andamento deve ser lento devido às semicolcheias.

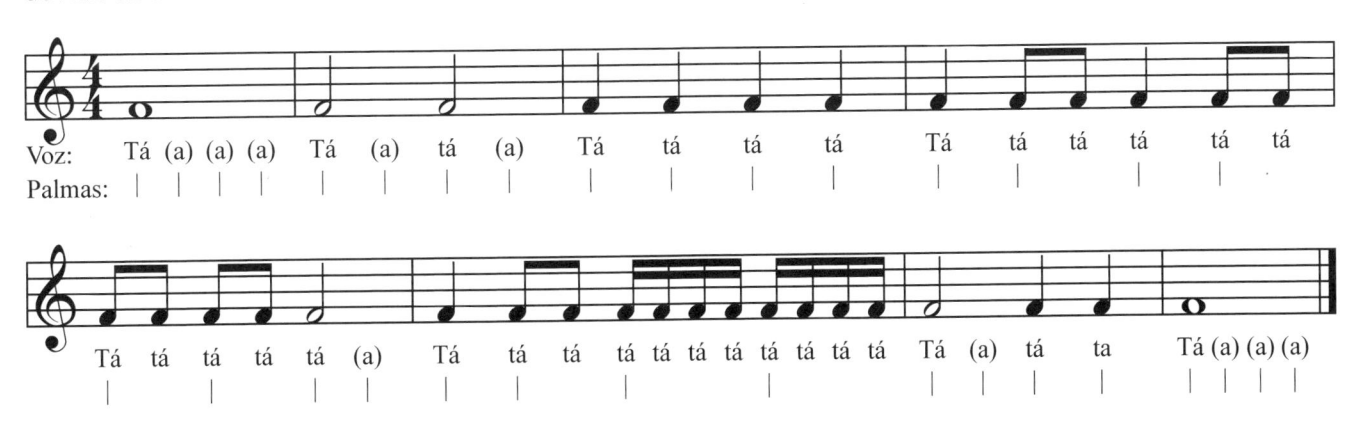

Voz: Tá (a) (a) (a)   Tá (a) tá (a)   Tá tá tá tá   Tá tá tá tá tá tá
Palmas: | | | | | | | | | | | | | | | | | |

Tá tá tá tá tá (a)   Tá tá tá tá tá tá tá tá tá   Tá (a) tá ta   Tá (a) (a) (a)

O solfejo seguinte apresenta as figuras já estudadas e inclui pausas, figuras pontuadas e notas ligadas, no compasso quaternário.

Exercício – Leitura rítmica:

Questionário

1. De acordo com a equivalência entre as figuras, uma semibreve é igual a quantas mínimas?
2. Uma semibreve é igual a quantas semínimas?
3. Uma semibreve é igual a quantas colcheias?
4. Uma semibreve é igual a quantas semicolcheias?
5. Quantas semicolcheias equivalem a uma semínima?
6. Quantas semicolcheias equivalem a uma mínima?

LIÇÃO 15

Marcação dos tempos nos compassos simples

A marcação dos tempos em um solfejo é feita movimentando-se uma das mãos de acordo com o número de tempos indicado pelo número superior da fórmula de compasso. Os movimentos nos compassos simples são os seguintes:

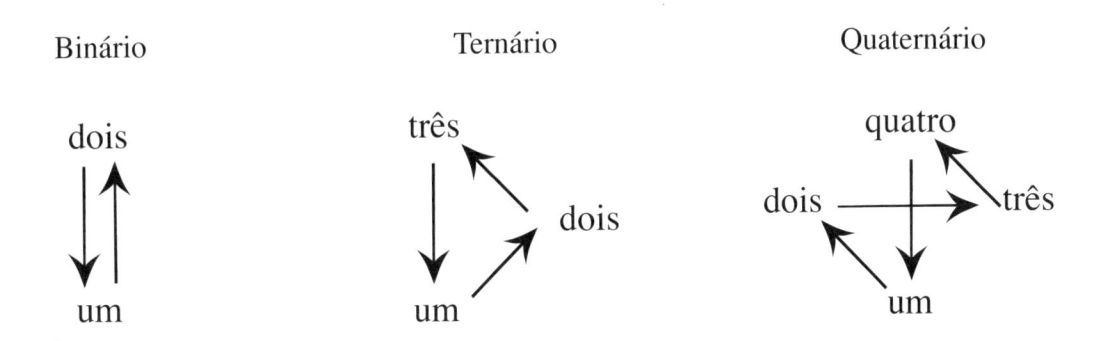

Binário — dois, um

Ternário — três, dois, um

Quaternário — quatro, dois, três, um

Enquanto se executa um instrumento, a marcação dos tempos pode ser feita batendo o pé no chão ou contando (dependendo do instrumento).

Quando uma música inclui colcheias e semicolcheias pode-se, ainda, usar o artifício da contagem Alternativa, que consiste em acrescentar a vogal "e", entre os tempos, para facilitar a manutenção do andamento, como mostra o exemplo a seguir:

Contagem: 1 e 2 e 1 e 2 e 1 e 2 e 1 e 2 e

1 e 2 e 1 e 2 e 1 e 2 e 1 e 2 e

Questionário

1. Como é feita a marcação dos tempos em um solfejo?
2. Que tipo de contagem pode-se fazer quando uma música inclui colcheias e semicolcheias?
3. Em que consiste a contagem Alternativa?
4. Para que serve a contagem Alternativa?

LIÇÃO 16

Sinais de repetição

São sinais e convenções utilizados para evitar que se escreva, repetidamente, trechos musicais idênticos. Os termos em italiano são, geralmente, adotados como padrão.

Ritornello – é usado para retornar ao princípio da música, após pequeno trecho. O sinal de *ritornello* assemelha-se a um colchete, precedido de dois pontos entremeados pela terceira linha:

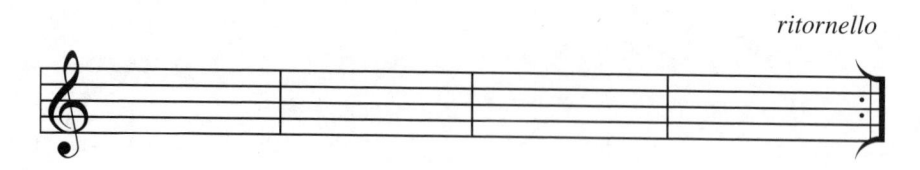

O *ritornello* também pode aparecer no meio da música, indicando um pequeno trecho a repetir. Neste caso, retorna-se desde o colchete (seguido de dois pontos) imediatamente anterior:

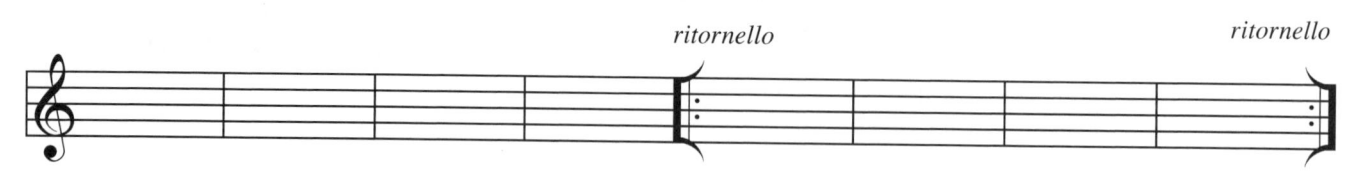

***Ritornello* duplo** – para retornar, respectivamente, ao início de cada trecho entre *ritornellos*:

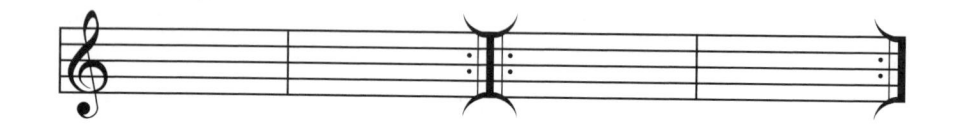

Casa de 1ª e de 2ª – para repetir um trecho onde o final é diferente na repetição. Determina-se o trecho a ser executado na primeira e na segunda vez através das chaves de casa 1 e casa 2 (1ª vez e 2ª vez). Quando aparecem casas, executa-se a música do início até o *ritornello* (incluindo o trecho da casa 1), volta-se ao início, pula-se a casa 1 e executa-se da casa 2 até o final.

D.C. (*Da capo*) – significa "da cabeça" e indica que deve-se voltar ao princípio da música. Geralmente vem associado ao termo "*al fine*" que significa ao fim. Assim, repete-se a música desde o princípio até encontrar a palavra *Fine*. Na repetição *Da capo*, os *ritornellos* são geralmente descartados, salvo quando for indicado (*con repetizione*, com repetição, etc.).

Dal 𝄋 – termo italiano "*Dal Segno*" que significa do sinal. Em português, diz-se "do sinal" e pode aparecer como Ao 𝄋. Ao encontrar este termo, busca-se nos trechos já executados onde está o sinal 𝄋 e repete-se dele até o fim. É idêntico ao *ritornello*, contudo, é mais utilizado para repetir trechos longos.

Como pode ser observado no exemplo a seguir, este sinal de repetição pode aparecer associado ao símbolo ⊕ (diz-se "ó") e ao termo "*Coda*". Esta combinação é idêntica à da casa 1 e casa 2 mas é utilizada para trechos longos. Ao encontrar o termo *Al 𝄋 e Coda*, busca-se o sinal 𝄋 em um trecho já tocado. Repete-se do 𝄋 até o termo *Al Coda* e pula-se daí para o trecho onde estiver escrito *CODA*.

Esta terminologia é comumente utilizada na música clássica. Já na popular, aparece sem a palavra *coda*, ou seja, só com o sinal ⊕ (denominado "pulo do ó").

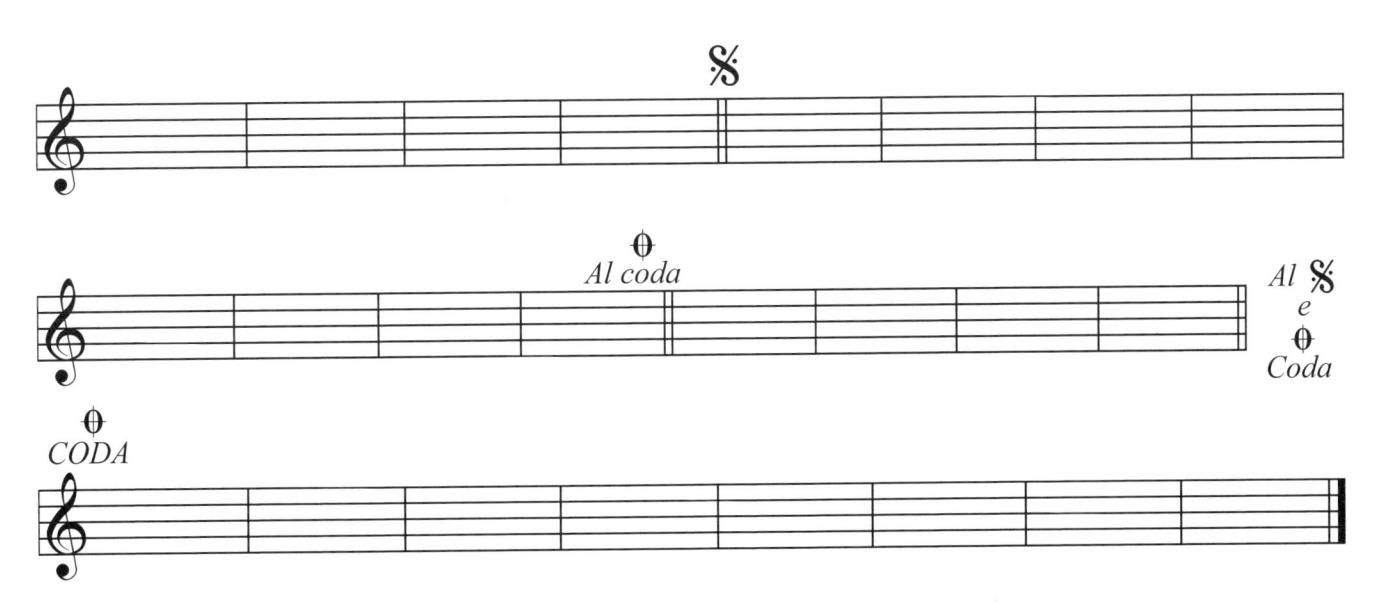

Ao A, Ao B – na música popular, é comum a atribuição de letras aos trechos musicais, geralmente associadas a barras duplas. Isto ajuda a visualizar as partes da música. Uma forma prática de anotar repetições de trechos é utilizando os termos Ao A, Ao B, etc.

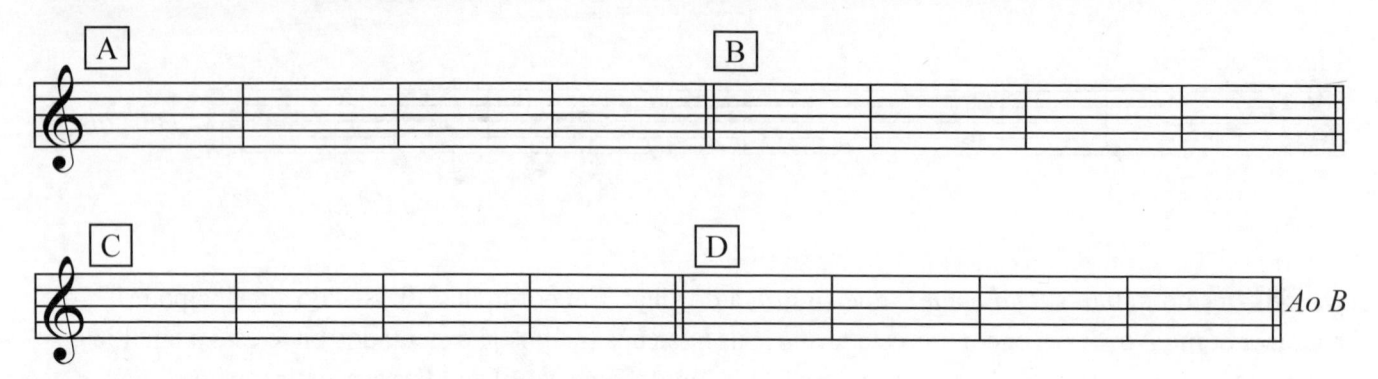

Fade out – significa abaixando e é utilizado em conjunto com o *ritornello*, nos finais de música popular, para indicar que o trecho deve ser repetido diversas vezes enquanto diminui-se gradativamente a intensidade do som.

Exercício – Descreva por extenso o roteiro do esquema abaixo, baseado na numeração dos compassos que aparecem abaixo de cada barra de compasso (por exemplo, tocar do compasso um até o compasso oito, etc.):

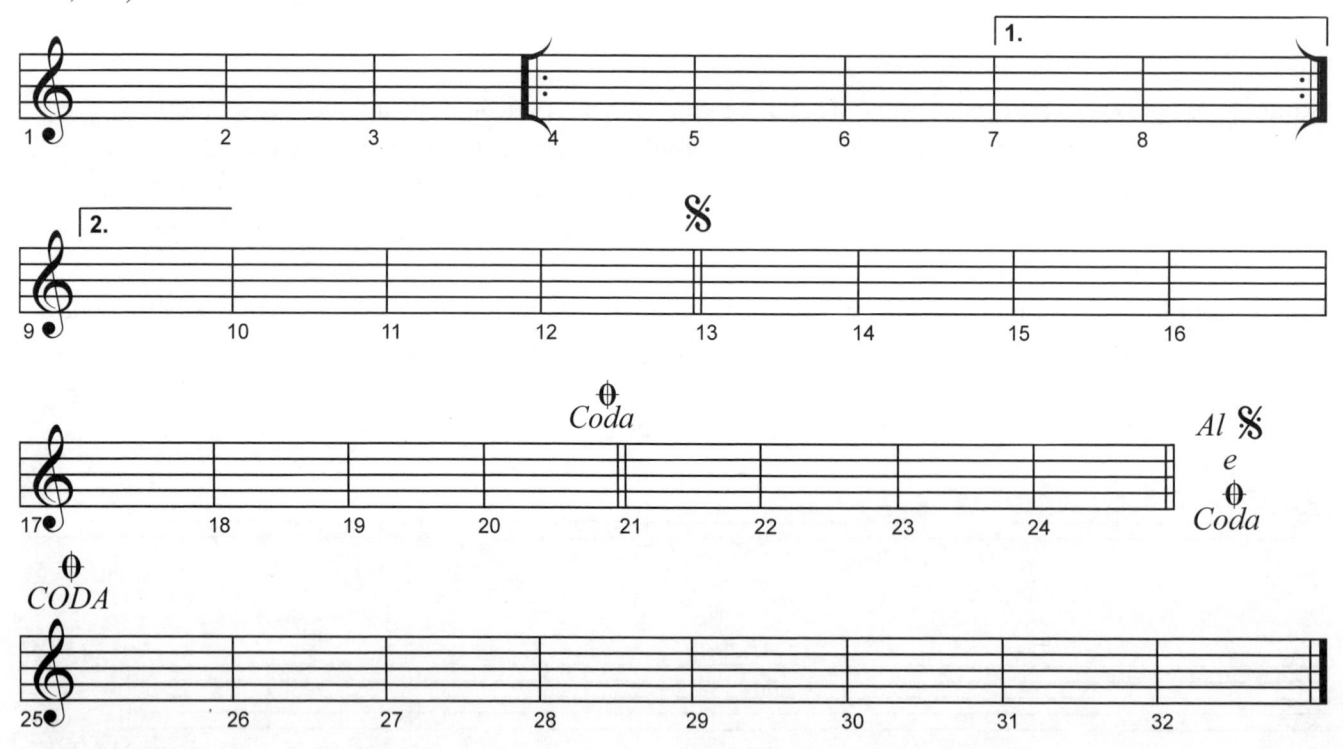

Questionário

1. Para que são utilizados os sinais de repetição?
2. Para que é usado o *ritornello*?
3. A que ponto deve-se retornar quando ocorre um *ritornello* no meio da música?
4. Quando aparece casa 1 e casa 2 como se executa a música?
5. De onde se deve voltar a tocar quando aparece o *Da capo*?
6. O que significa *Dal segno*?
7. Para onde se deve "pular" na música, quando aparece o termo *Al Coda*?

LIÇÃO 17

Anacruse e compassos incompletos

Muitas vezes as partituras iniciam com tempos incompletos. Isso ocorre porque muitas músicas não começam exatamente no tempo forte. Nestes casos, o primeiro compasso pode ser classificado de duas formas:

Compasso Acéfalo – é um compasso onde as notas ocupam mais da metade dos tempos do compasso binário ou quaternário, ou mais de dois terços do ternário. Nestes casos, deve-se completar a escrita do primeiro compasso com pausas. No exemplo a seguir, o primeiro tempo forte a ser executado está na nota Fá, após a barra dupla.

Compasso Anacrústico – é um compasso onde as notas ocupam menos da metade dos tempos do compasso binário ou quaternário, ou menos de dois terços do ternário. É também denominado, simplesmente, Anacruse. Nestes casos, não é necessário completar as pausas iniciais. O compasso Anacrústico deve ser seguido de barra dupla e, na contagem dos compassos é considerado o compasso zero.

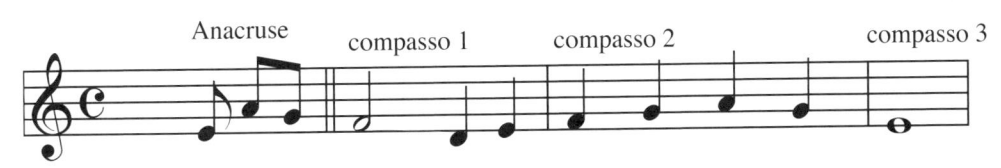

Em muitas peças clássicas é comum encontrar trechos com *ritornello* onde os finais têm tempos a menos. Geralmente, esses tempos que faltam estão exatamente na Anacruse do início ou da continuidade da música.

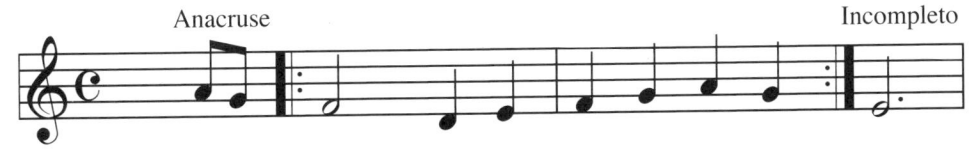

Observação: Quando em uma partitura o primeiro compasso inicia em tempo forte, ou seja, na cabeça do primeiro tempo, o mesmo é classificado como compasso Tético.

Questionário

1. O que é compasso Acéfalo?
2. O que é compasso Anacrústico?
3. Como pode ser também chamado o compasso Anacrústico?
4. Em que tipo de compasso deve-se completar a escrita com pausas?
5. Onde se encontram, geralmente, os tempos que faltam nos compassos incompletos?
6. Quando o compasso é classificado de Tético?

LIÇÃO 18

Síncope

Como já foi visto, os compassos são agrupamentos de tempos fortes e fracos. No compasso binário, por exemplo, o primeiro tempo é forte e o segundo é fraco. A síncope ocorre quando a execução de uma nota é ligada (prolongada) de um tempo (ou parte de tempo) fraco a um forte, produzindo um efeito de deslocamento da acentuação natural:

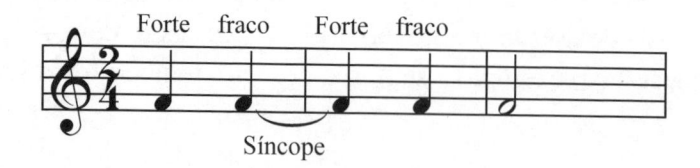

A síncope pode ser Regular ou Irregular. A Regular é formada por figuras de durações iguais e a Irregular possui figuras de durações diferentes. Os seguintes exemplos em 3/4 mostram os dois tipos de síncope, representados pelas abreviações SR e SI.

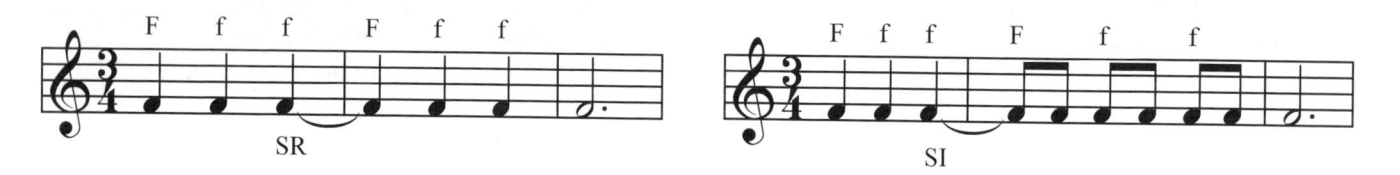

As partes do tempo também são fortes e fracas. Por exemplo, em um grupo de colcheias, a primeira é forte (F) e a segunda é fraca (f), como mostra o seguinte exemplo em 2/4:

Quando a parte fraca do tempo é prolongada sobre a parte forte do tempo seguinte, também ocorre a síncope.

A síncope é muito comum na música brasileira e aparece, geralmente, escrita de forma simplificada, sem a utilização da ligadura de nota. Observe que no exemplo anterior há colcheias ligadas dentro dos compassos e, já que duas colcheias equivalem à uma semínima, as mesmas síncopes podem ser escritas da seguinte forma:

Dentro dos compassos ou mesmo entre os mesmos, podem ocorrer várias síncopes, como no exemplo a seguir, no qual a última colcheia avança até o segundo compasso:

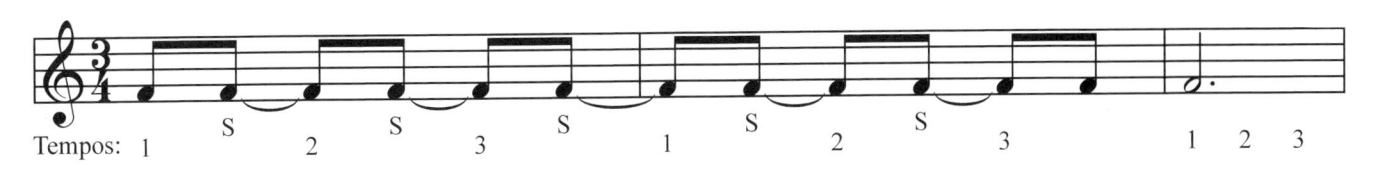

Em partituras de música clássica, encontra-se este tipo de síncope que avança pelo compasso seguinte, também escrito da seguinte forma:

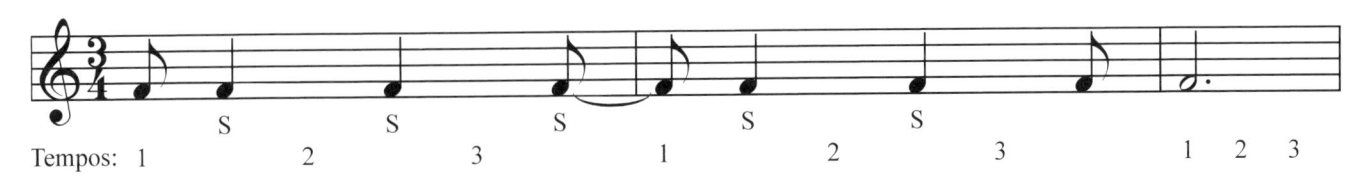

No samba e no choro, encontram-se muitas melodias sincopadas em semicolcheias, como no exemplo a seguir. Na pauta da esquerda, a segunda e a terceira semicolcheias estão ligadas. Já que duas semicolcheias correspondem a uma colcheia, este tipo de síncope é escrito como no modelo da direita:

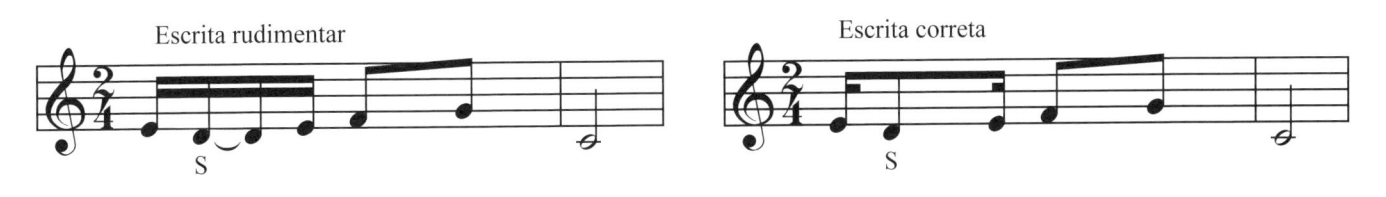

Exercício – Leitura rítmica incluindo síncopes:

Questionário

1. Quando ocorre a síncope?
2. Qual a diferença entre a síncope Regular e a Irregular?
3. Como ocorre a síncope de partes de tempo?
4. A síncope dentro de um compasso pode ser escrita com figuras, sem a ligadura de nota?
5. Em um grupo de quatro semicolcheias, onde a segunda é ligada à terceira, que figura pode substituí-las?

LIÇÃO 19

Contratempo

O contratempo ocorre quando o tempo forte ou parte forte do tempo está em pausa e são executadas notas em tempos fracos ou partes fracas de tempo, provocando o deslocamento da acentuação natural. Quando a pausa e a nota possuem a mesma figura rítmica, o contratempo é Regular:

Se a pausa e as notas tiverem valores diferentes, o contratempo é Irregular:

O contratempo também pode ocorrer quando notas são executadas em partes fracas de tempo, estando as partes fortes em pausa. No exemplo a seguir, os locais dos contratempos estão marcados com CT:

Exercício – Leitura rítmica incluindo contratempos:

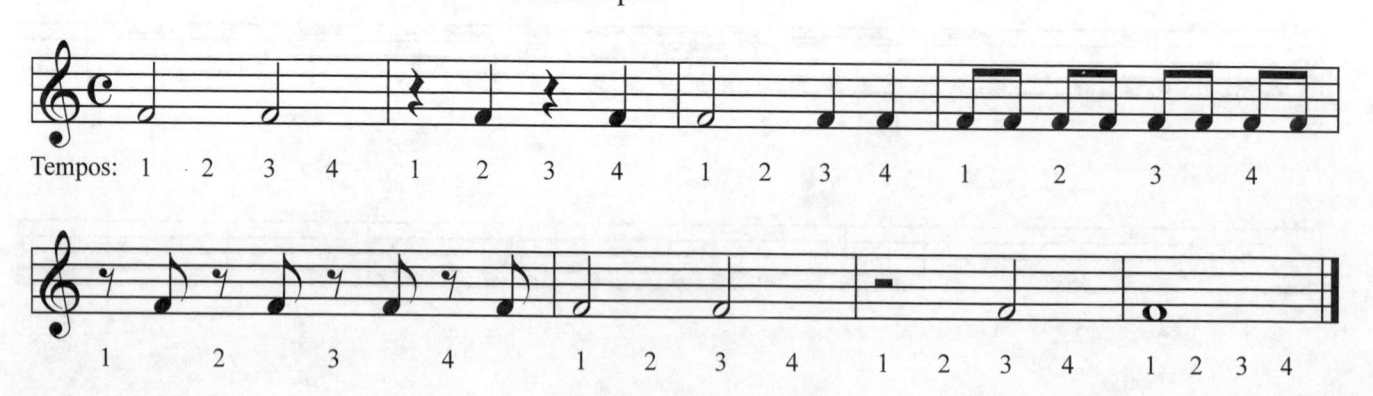

Questionário

1. Quando ocorre o contratempo?
2. Quando o contratempo é Regular?
3. Quando o contratempo é Irregular?
4. O contratempo também pode ocorrer em partes fracas de tempo?

LIÇÃO 20

Andamento e metrônomo

Andamento é a velocidade em que a música é tocada e baseia-se na regularidade da pulsação (Unidade de Tempo). Os andamentos, geralmente, aparecem escritos no início das partituras musicais, acima da clave.

Metrônomo é o aparelho mecânico ou eletrônico que possui marcações das velocidades. A medição é feita em batidas (pulsos) por minuto (bpm). Regulando o metrônomo para 60bpm, são ouvidas 60 batidas por minuto.

Nas partituras modernas, a figura da Unidade de Tempo aparece acima da primeira pauta, seguida do número de batidas por minuto que o compositor idealizou: ♩ = 60bpm

Os termos mais adotados para indicar os andamentos são expressos em italiano e correspondem aos seguintes números de batidas aproximadas por minuto:

Lentos		Moderados		Rápidos	
Largo	– 40 a 48	*Andante*	– 63 a 72	*Allegro*	– 120 a 138
Lento	– 50 a 56	*Andantino*	– 66 a 80	*Vivace*	– 138 a 168
Adágio	– 54 a 58	*Moderato*	– 80 a 92	*Presto*	– 160 a 200
Larghetto	– 60 a 63	*Allegretto*	– 104 a 120	*Prestíssimo*	– 200 a 208

As seguintes expressões (incluindo em português) são também adotadas:

Lento	– 50 a 56	*Grave*	– cerca de 40
Médio	– 60 a 126	*Sostenuto*	– cerca de 76
Médio/ligeiro	– 120 a 160	*Maestoso*	– cerca de 84
Ligeiro	– 160 a 208	*Animato*	– cerca de 120

A indicação do andamento não significa que a música deva ser tocada mecanicamente, em uma única velocidade. Constantemente, os compositores propõem aumentos e diminuições do andamento no decorrer da música por intermédio dos seguintes termos:

Affretando, accelerando, stringendo, più mosso, stretto – para acelerar.

Ritardando, rallentando, ritenuto, allargando, meno mosso, smorzando – para retardar.

A tempo, *tempo primo* – para retomar o andamento principal.

Fermata e suspensão (⌒) – para indicar quando uma figura positiva ou pausa deve ser prolongada.

Rubato – para variar a interpretação rítmica de um trecho sem modificar a divisão dos compassos.

Questionário

1. O que é andamento e no que se baseia?
2. O que é o metrônomo?
3. Quais são os andamentos lentos, moderados e rápidos?
4. Quais são os termos utilizados para modificar o andamento no decorrer da música?
5. Qual a função da *fermata* e da suspensão?

LIÇÃO 21

Padrões de divisões rítmicas

São combinações de figuras rítmicas utilizadas mais comumente. Existem inúmeras possibilidades de combinações de figuras e essa diversidade é um dos fatores que contribui para a originalidade das músicas. No entanto, algumas combinações mais constantes podem ser memorizadas para que a leitura musical se torne um processo simples.

Por exemplo, o padrão "uma figura + duas que valem sua metade" se aplica em diversos tipos de figuras. Repare que o padrão "uma semínima + duas colcheias" tem a mesma característica que o de "uma colcheia + duas semicolcheias". O segundo grupo é dobrado mas ambos possuem uma figura seguida de duas metades.

A similaridade desses dois grupos pode ser comprovada de duas formas:

1. Com o metrônomo regulado em 100bpm faça, repetidamente, a leitura rítmica do grupo 1 (acima) em dois tempos (um da semínima e outro das duas colcheias). Em seguida, regule o metrônomo para a metade (50bpm) e leia o grupo 2 (que possui um tempo apenas – meio da colcheia e meio das duas semicolcheias).

2. Com o metrônomo regulado em 100bpm, faça leitura métrica do grupo 1 em 2/4 e do grupo 2 em 2/8. Os dois grupos são idênticos (apenas a Unidade de Tempo é que muda).

Logo, é recomendável memorizar os diversos padrões resultantes das combinações das figuras, como descrito a seguir:

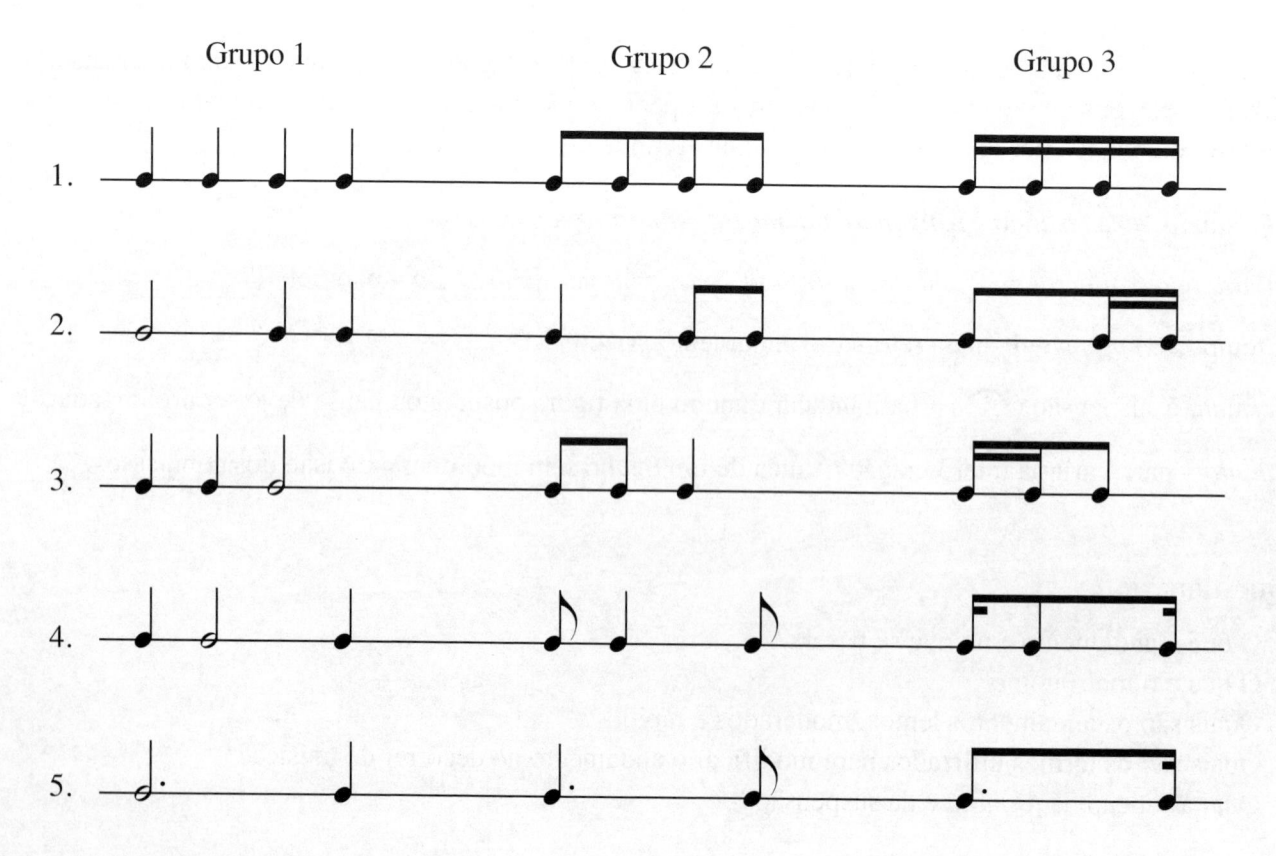

Observação: Esses padrões podem ser aplicados com outras figuras como semibreve, fusa e semifusa. Como já foi dito, tudo depende da Unidade de Tempo (número inferior da fórmula de compasso).

Exercício – Leitura rítmica em andamento lento:

Questionário

1. O que são padrões de divisões rítmicas?
2. O padrão de quatro semínimas se assemelha a quais padrões?
3. O padrão mínima e duas semínimas se assemelha a quais padrões?
4. O padrão duas semínimas e uma mínima se assemelha a quais padrões?
5. O padrão de síncope semínima, mínima, semínima se assemelha a quais padrões?

LIÇÃO 22

Semitom e tom

Na música ocidental, que utiliza o sistema Temperado, o semitom (meio tom) é o menor intervalo entre duas notas e, um tom é formado por dois semitons.

O intervalo entre uma tecla branca e uma preta (imediatamente superior ou inferior) é de um semitom. Por exemplo, entre as teclas brancas Dó e Ré do piano há uma tecla preta: Dó sustenido ou Ré bemol. O intervalo entre o Dó e tecla preta seguinte é de um semitom. Dessa preta até o Ré também é de um semitom. Da tecla Dó até a Ré, é de um tom. A abreviação de tom é T e a de semitom é St.

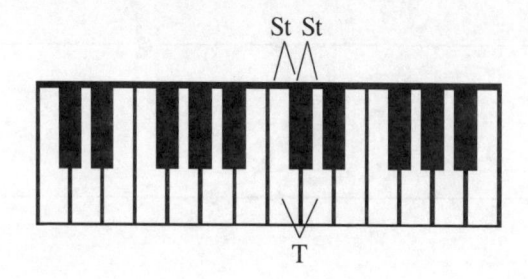

No espaço de um tom existem nove pequenas divisões de som denominadas comas e o semitom está situado exatamente na metade desse alcance, na altura correspondente a 4 1/2 sons. Por isso, o som do Dó sustenido é igual ao do Ré bemol. Esta é a base do sistema musical Temperado.

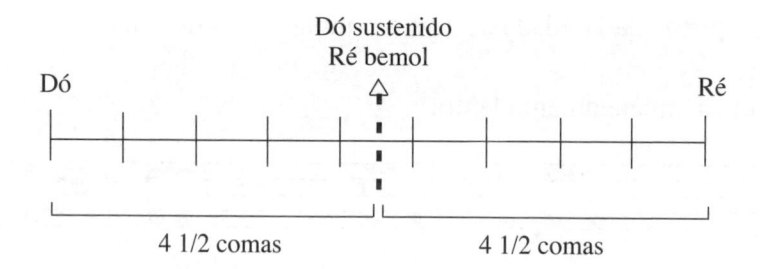

No teclado do piano, entre as notas Mi-Fá e Si-Dó não existem teclas pretas. Logo, entre teclas brancas que não possuem pretas no meio, o intervalo é de um semitom.

Assim, entre cada tecla sucessiva do piano, subindo ou descendo, o intervalo é sempre de um semitom. E, subindo a escala, o intervalo de tom a partir do Mi e do Si, encontra-se na nota preta subseqüente.

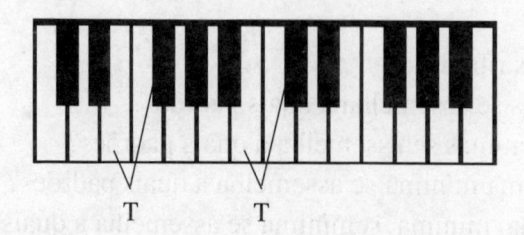

Descendo a escala, os intervalos de tom a partir do Fá e do Dó encontram-se nas notas pretas imediatamente abaixo:

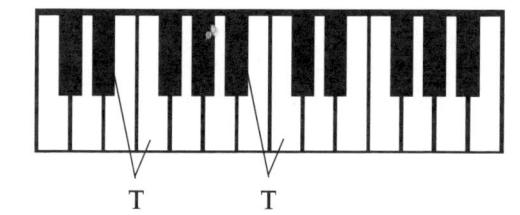

Um tom é igual a dois semitons. Logo, entre duas notas pretas em que só há uma branca no meio, o intervalo também é de um tom:

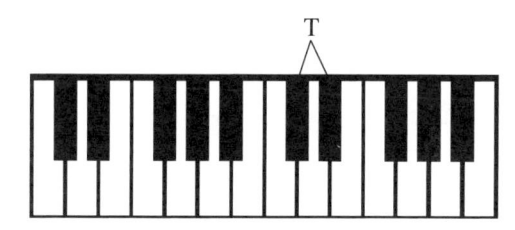

Observação: Instrumentos temperados são os de teclado com som fixo (piano, órgão, etc.). No sistema Temperado, a oitava é dividida em 12 semitons com intervalos iguais, o que origina a escala temperada. Os instrumentos não temperados (violino, violoncelo, trombone, voz, etc.) não possuem som fixo e, por conseguinte, podem reproduzir mais notas dentro do espaço de um tom. Cada nota possui uma afinação própria, baseada nos cálculos acústicos que formam o sistema Natural. Neste sistema, o bemol é localizado na quarta coma e o sustenido na quinta. Na música produzida em alguns países orientais (Japão, China, Índia, etc.) encontramos, inclusive, alturas de um quarto e de um oitavo de tom.

Questionário

1. No sistema Temperado, qual é o menor intervalo entre duas notas?
2. Um tom é formado por quantos semitons?
3. Qual é o intervalo entre uma tecla branca e uma preta imediatamente superior ou inferior?
4. Entre que notas do piano não existem teclas pretas?
5. Qual é o intervalo existente entre as teclas brancas que não possuem pretas no meio?
6. Entre cada tecla sucessiva do piano há um intervalo de tom ou de semitom?
7. Qual o intervalo entre duas notas pretas que só têm uma branca no meio?
8. No sistema Temperado a oitava é dividida em quantos semitons iguais?
9. Quais são alguns dos outros intrumentos temperados?
10. Quais são alguns dos instrumentos não temperados?

LIÇÃO 23

Alterações (1ª Parte)

Alterações ou acidentes são símbolos que modificam a altura das notas. As mais utilizadas são:

Sustenido   Bemol   Bequadro

♯   ♭   ♮

A alteração é colocada antes da nota e vale para todas as notas de mesmo nome e altura, no decorrer de um compasso. O sustenido eleva uma nota natural em um semitom. O bemol abaixa uma nota natural em um semitom. O bequadro anula o efeito do acidente anterior.

Partindo, por exemplo, da nota Ré natural:

Aplicando um sustenido, o Ré é elevado em um semitom e passa a ser chamado Ré sustenido:

Aplicando um bemol ao Ré natural, o mesmo é abaixado em um semitom, e passa a ser Ré bemol:

Aplicando um bequadro em uma nota com sustenido, o bequadro a abaixa em um semitom, tornando-a natural:

Aplicando um bequadro em uma nota com bemol, o bequadro a eleva em um semitom, tornando-a natural:

No piano, as teclas pretas podem ser sustenidos ou bemóis. Aplicando um sustenido no Dó natural, o mesmo é elevado em um semitom e passa a ser Dó sustenido (a tecla preta logo após o Dó).

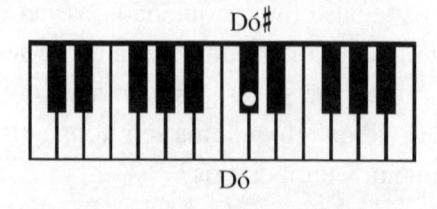

Aplicando um bemol no Ré natural, o mesmo é abaixado em um semitom e passa a ser Ré bemol (a tecla preta logo abaixo do Ré). Logo, as notas Dó♯ e Ré♭ são tocadas na mesma tecla preta.

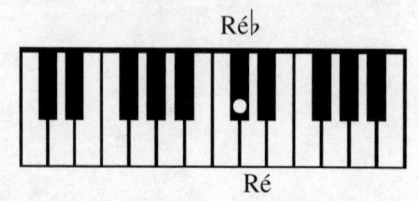

As teclas brancas que não possuem uma preta no meio também podem ser sustenidos ou bemóis:

1. Aplicando um sustenido na nota Mi, a mesma passa para Mi sustenido (tecla Fá).
2. Aplicando um sustenido na nota Si, a mesma passa para Si sustenido (tecla Dó).
3. Aplicando um bemol na nota Fá, a mesma passa para Fá bemol (tecla Mi).
4. Aplicando um bemol na nota Dó, a mesma passa para Dó bemol (tecla Si).

Estes são os nomes mais comuns das notas no teclado do piano:

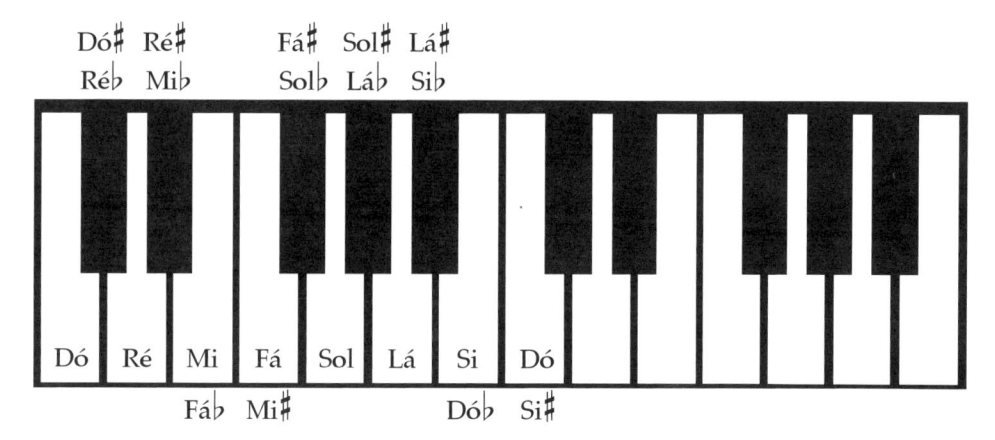

Observações: Quando, dentro de um compasso, houver notas iguais alteradas, em oitavas diferentes, essas alterações devem ser escritas também nas notas oitavadas. Após um compasso onde ocorreram alterações, se as mesmas notas não forem alteradas, usa-se o acidente de prevenção (alteração entre parêntesis) para evitar dúvidas na leitura.

Além dessas alterações há, ainda, o 𝄪 (dobrado sustenido) e o 𝄫 (dobrado bemol), detalhados na Lição 29.

Exercício – Toque no instrumento as seguintes notas:

Questionário

1. O que são alterações ou acidentes?
2. Quais são as alterações mais usadas?
3. O que faz o sustenido quando aplicado em uma nota natural?
4. O que faz o bemol quando aplicado em uma nota natural?
5. O que faz o bequadro?
6. Que nota o Ré passa a ser aplicando-se um sustenido?
7. Que nota o Ré passa a ser aplicando-se um bemol?
8. Aplicando um bequadro em uma nota que é sustenido, o que acontece?
9. Aplicando um bequadro em uma nota que é bemol, o que acontece?
10. A tecla Dó sustenido é igual a Ré bemol?
11. Em que teclas são tocadas as notas Mi sustenido e Dó bemol?
12. Quais são as outras duas alterações além do sustenido, bemol e bequadro?

LIÇÃO 24

Classificação do semitom

O semitom é a menor distância entre dois sons e pode ser tocado simultaneamente (duas notas ao mesmo tempo) ou sucessivamente (uma após a outra). Na escrita musical, para elevar ou abaixar uma nota natural em um semitom, utilizam-se os símbolos do sustenido e do bemol, respectivamente.

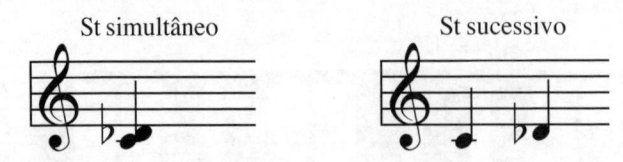

Os semitons sucessivos podem ser Ascendentes ou Descendentes:

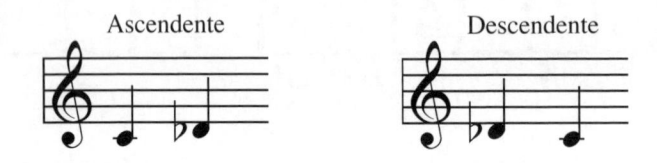

Quanto à formação, o semitom pode ser:

Cromático – quando é formado por notas de mesmo nome como Dó e Dó♯ ou Ré e Ré♭.

Diatônico – formado por notas de nomes diferentes como Dó e Ré♭ ou Ré e Dó♯.

Observações: O intervalo de tom também pode ser Ascendente ou Descendente e, na sua formação, entram dois semitons (um Cromático e um Diatônico).

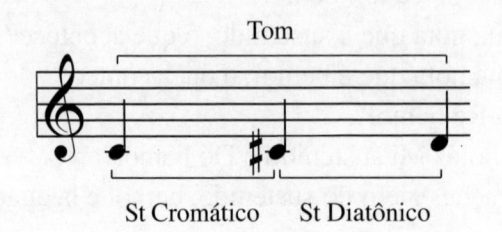

Os semitons Mi-Fá e Si-Dó, além de Diatônicos, são classificados como Naturais, já que são constituídos por notas naturais (sem alterações).

Exercício 1 – Elevar em um semitom as seguintes notas, como no modelo do primeiro compasso:

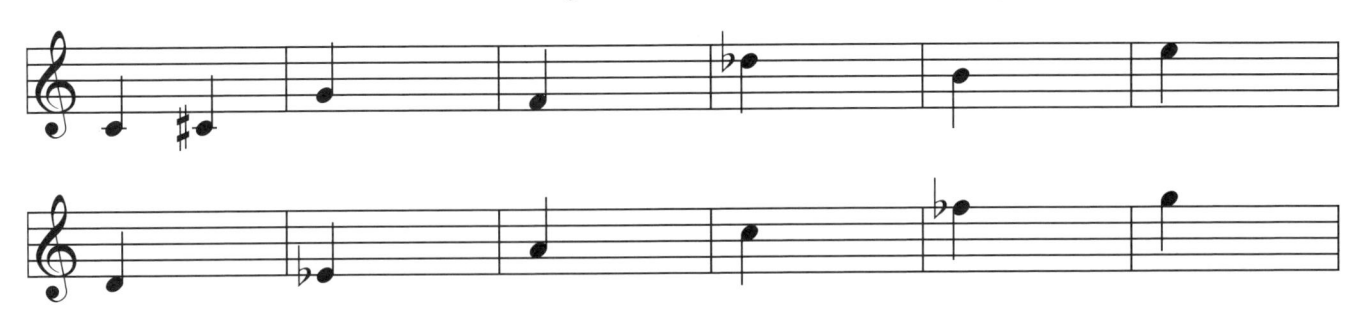

Exercício 2 – Abaixar em um semitom as seguintes notas, como no modelo do primeiro compasso:

Exercício 3 – Classificar os semitons como no modelo dos dois compassos iniciais:

St Cromático Ascendente
St Diatônico Descendente

Questionário

1. Qual é a menor distância entre dois sons?
2. Como podem ser tocados os semitons?
3. Que símbolos são utilizados para elevar ou abaixar uma nota natural em um semitom?
4. Como são classificados os semitons sucessivos?
5. Como os semitons são classificados quanto à formação?
6. Como é formado o semitom Cromático?
7. Como é formado o semitom Diatônico?
8. Que semitons entram na formação de um tom?
9. Além de Diatônicos, como são também classificados os semitons Mi-Fá e Si-Dó?

LIÇÃO 25

Sinais de articulação

Nas partituras, encontram-se diversos sinais de articulação que indicam como deve ser a execução da música, segundo a concepção do compositor. A interpretação correta dos sinais acrescenta expressividade às notas e às passagens musicais. Os principais sinais de articulação são:

***Legato* ou ligadura de expressão** – é uma ligadura aplicada acima ou abaixo de um grupo de notas. Pode abranger desde duas até várias notas diferentes. Na interpretação, as notas devem ser bem ligadas, sem interrupções. Alguns compositores substituem a ligadura pelo termo *legato*.

Staccato – também denominado ponto de diminuição. Significa destacado e indica que as notas devem ser executadas destacadas, separadas. O mais utilizado é o *staccato* simples o qual é escrito com pontos (acima ou abaixo das cabeças de nota) ou com a palavra *staccato*. Na execução, o valor da figura é dividido em duas metades sendo a segunda de silêncio.

O *staccato dolce*, também denominado brando ou meio *staccato*, é escrito com ponto e traço ou com pontos e ligadura. Na execução, a figura é dividida em quatro partes sendo a última de silêncio.

O *staccato secco*, grande *staccato* ou martelado, é escrito com um pequeno triângulo sobre ou sob a cabeça de nota. Na execução, a figura é dividida em quatro partes sendo as três últimas de silêncio.

Tenuto* ou *sostenuto – significa sustentado. Pequeno traço sobre ou sob a cabeça de nota. Deve-se sustentar a intensidade e o valor da nota ao máximo:

Accénto – acento forte. A nota deve ser mais acentuada. É também considerado sinal de dinâmica, além de articulação:

Arppegiato – ondulação vertical que precede um acorde. Indica que o mesmo deve ser articulado em arpejo, ou seja, as notas devem ser tocadas sucessivamente:

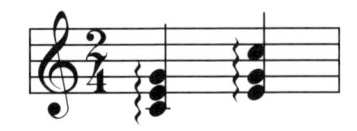

Exercício – Executar no instrumento o seguinte trecho, observando os sinais de articulação:

Questionário

1. O que indicam os sinais de articulação?
2. O que é o *legato*?
3. Como se deve interpretar o *legato*?
4. Como é escrito o *staccato* simples?
5. O que ocorre na execução do *staccato* simples?
6. Como é escrito o *staccato* brando e o que ocorre na sua execução?
7. Como é escrito o *staccato secco* e o que ocorre na sua execução?
8. Como se interpreta o *tenuto*?
9. Como se interpreta uma nota com *accénto*?
10. Como se interpreta o *arppegiato*?

LIÇÃO 26

Sinais de oitava

Os sinais de oitava ou linhas de oitava são usados para substituir as linhas suplementares, facilitando a leitura das notas escritas fora da pauta. Quando a linha de oitava aparece em cima de uma nota ou de um grupo de notas, significa que estas devem ser executadas uma oitava acima:

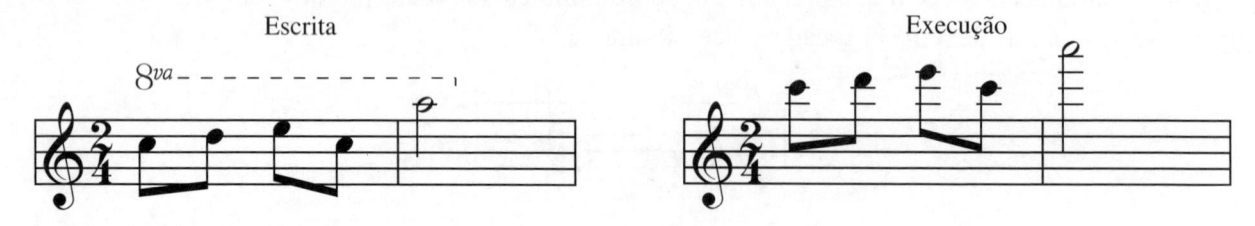

Quando estiver embaixo, toca-se uma oitava abaixo:

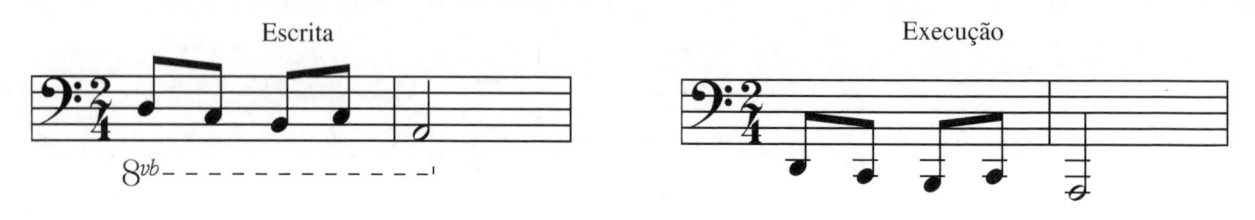

Na escrita para piano, assim como para instrumentos que alcançam as regiões agudas e graves, costuma-se manter o limite de cinco linhas suplementares. As notas que ultrapassam este limite devem ser escritas com linhas de oitava. O exemplo abaixo mostra a extensão das 88 notas do piano:

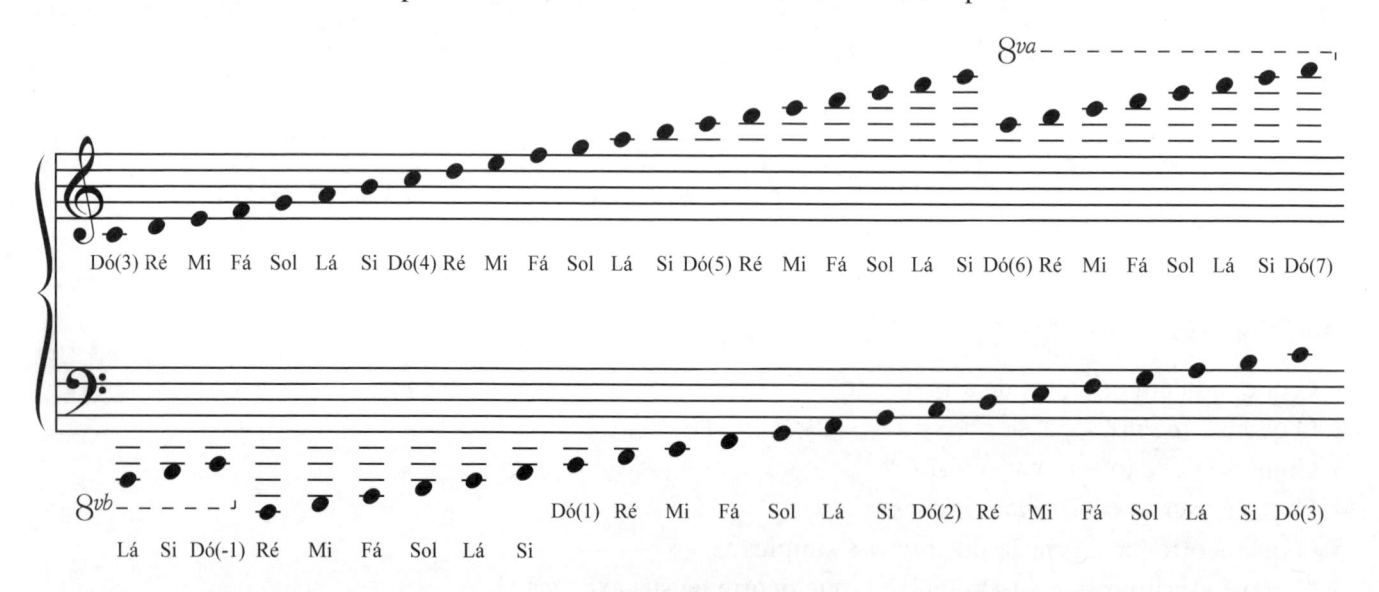

Observação: Alguns compositores utilizam o termo italiano "*in loco*" (no lugar), após um longo trecho com linha de oitava. Quando aparece *in loco*, as notas devem ser executadas exatamente onde estão escritas.

Questionário

1. Para que são usados os sinais de oitava?
2. O que significa quando aparece uma linha de oitava acima de um grupo de notas?
3. Quando a linha de oitava estiver abaixo das notas, onde as mesmas devem ser tocadas?
4. O que significa o termo *in loco*?
5. Onde devem ser executadas as notas, quando aparece o termo *in loco*?

LIÇÃO 27

Sinais de intensidade e dinâmica

São sinais e termos em italiano usados para indicar com qual intensidade e dinâmica o músico deve interpretar cada passagem musical.

Intensidade

ppp – *pianissimo* (o mais suave possível)

pp – *pianissimo* (muito suave)

p – *piano* (suave)

mp – *mezzo piano* (meio suave)

mf – *mezzo forte* (meio forte)

f – *forte* (forte)

ff – *fortissimo* (muito forte)

fff – *fortissimo* (o mais forte possível)

Dinâmica

$<$ *cresc.* – *crescendo* (aumentando gradualmente)

$>$ *decresc.* – *decrescendo* (abaixando gradualmente)

fz, sfz, sf – *sforzando* (aumento súbito)

dim. – *diminuendo* (diminuindo)

più f – *più forte* (mais forte)

più p – *più piano* (mais suave)

poco a poco – pouco a pouco (precede qualquer dinâmica)

Interpretação

dolce – suave

smorzando, smorz. – extinguindo a intensidade

rinforzando, rinf. – reforçando a intensidade

con moto – movimentado

liggiero – rápido mas suave

affetuoso – com afeto

agitato – agitado

giocoso – gracioso

con dolore – triste

animato – animado

Questionário

1. Para que são usados os sinais de intensidade e de dinâmica?
2. Como deve ser a execução quando aparecem os símbolos de *piano*, *mezzo forte*, *forte* e *fortíssimo*?
3. O que significam os símbolos de *cresc* e *decresc*?
4. Como se interpreta o *smorzando* e o *animato*?

LIÇÃO 28

Intervalos simples

Intervalo é a distância e a relação entre duas notas musicais. O alcance de um intervalo é calculado contando-se as notas sucessivas, contidas da primeira até a última.

Por exemplo, entre as notas Dó e Ré há um intervalo de 2ª (segunda):

Entre Dó e Mi o intervalo é de 3ª (diz-se terça em vez de terceira). O Dó é a primeira nota, o Ré é a segunda (intermediária na sucessão das notas) e o Mi é a terceira. Logo, de Dó a Mi o intervalo é de terça:

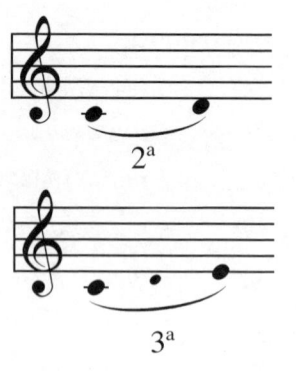

Quanto ao alcance, os intervalos são classificados como:

> Simples – quando suas notas estão dentro de uma oitava
>
> Compostos – quando suas notas ultrapassam uma oitava

Quanto à forma, podem ser:

> Melódicos – duas notas tocadas sucessivamente
>
> Harmônicos – duas notas simultâneas

Quanto à direção:

> Ascendentes – a primeira nota é a mais grave de um intervalo melódico
>
> Descendentes – a primeira nota é a mais aguda de um intervalo melódico

A pauta a seguir demonstra a contagem dos intervalos Simples na forma Melódica Ascendente, a partir da nota Dó:

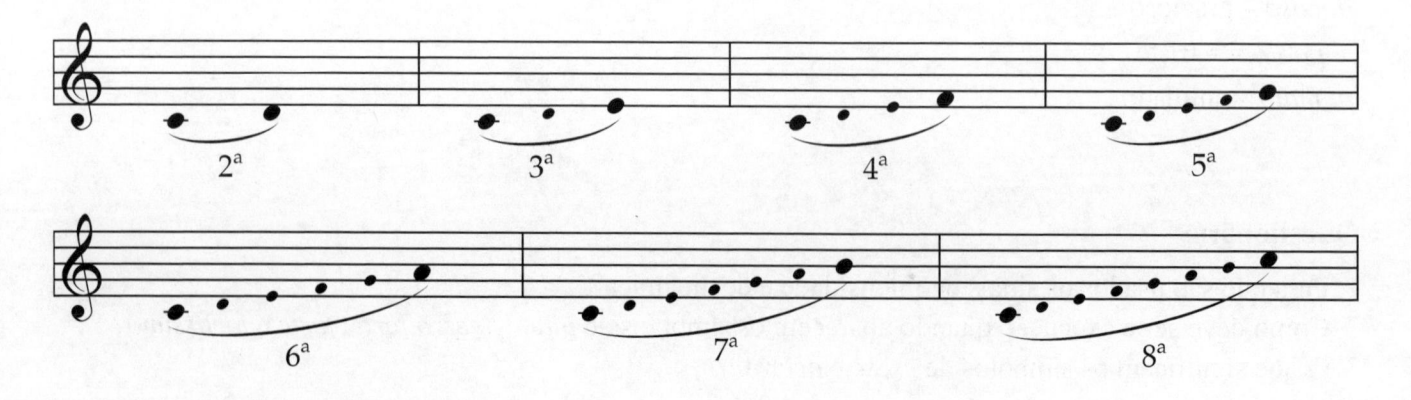

Na forma Harmônica, o intervalo é calculado a partir da nota mais grave. Os intervalos Simples na forma Harmônica são como a seguir (exemplo a partir da nota Dó):

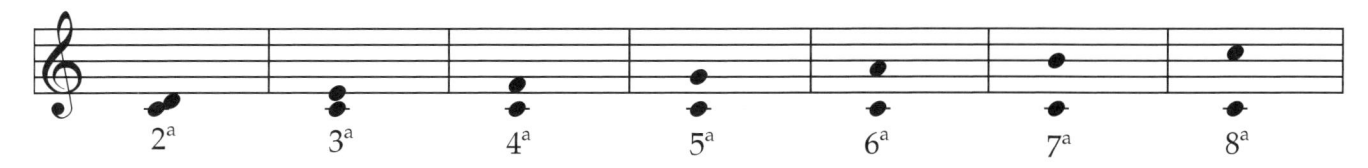

Observação: Os intervalos também ocorrem quando dois instrumentos (ou vozes) executam uma nota cada. Se um Dó é tocado no violão e um Mi no piano, o efeito é de um intervalo de terça. Quando duas ou mais vozes ou instrumentos executam a mesma nota, ocorre o Uníssono, que não chega a ser um intervalo pois as notas possuem a mesma altura.

Exercício 1 – Escrever quando o intervalo é Melódico ou Harmônico, conforme o modelo:

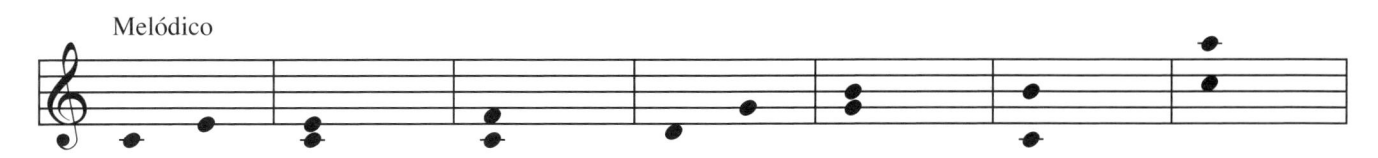

Exercício 2 – Escrever quando o intervalo é Ascendente ou Descendente, conforme o modelo:

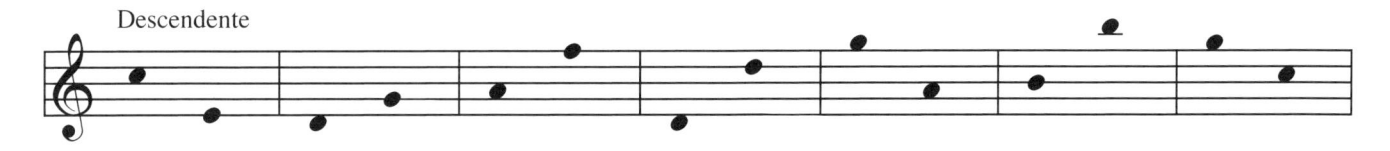

Exercício 3 – Classificar, como no modelo:

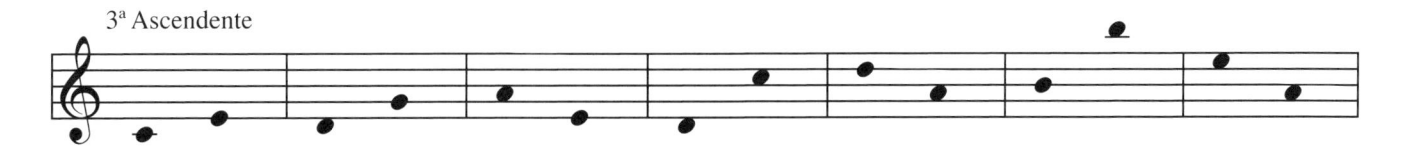

Questionário

1. O que é intervalo?
2. Como é calculado o intervalo?
3. Quando um intervalo é Simples?
4. Quando um intervalo é Composto?
5. Quando um intervalo é Melódico?
6. Quando um intervalo é Harmônico?
7. Quando o intervalo é Ascendente?
8. Quando o intervalo é Descendente?
9. Quais são os intervalos Simples?
10. Quando ocorre o Uníssono?

LIÇÃO 29

Alterações (2ª Parte)

Além das alterações descritas na Lição 23 (sustenido, bemol e bequadro) há, ainda, o dobrado sustenido e o dobrado bemol que aparecem na música escrita. O dobrado bemol, por exemplo, é utilizado na formação dos intervalos diminutos que serão abordados na próxima lição.

Dobrado sustenido   Dobrado bemol

O sustenido eleva o som da nota natural em um semitom. O dobrado sustenido eleva em dois semitons (ou um tom), conforme o nome já sugere. O bemol abaixa a nota natural em um semitom e o dobrado bemol abaixa em dois semitons.

Partindo, por exemplo, da nota Ré natural:

Aplicando o dobrado sustenido, o Ré é elevado em dois semitons (um tom). Logo, se na pauta aparece o Ré dobrado sustenido, toca-se o Mi:

é igual a

Aplicando um dobrado bemol ao Ré natural, ele é abaixado em dois semitons. Logo, toca-se o Dó:

Em relação às notas Mi-Fá e Si-Dó, que não possuem teclas pretas entre elas, ou seja, são intervalos de semitom, essas alterações reagem da seguinte forma:

Aplicando um dobrado sustenido à nota Mi, toca-se o Fá sustenido:

Aplicando um dobrado sustenido à nota Si, toca-se o Dó sustenido:

Aplicando um dobrado bemol à nota Fá, toca-se o Mi bemol:

Aplicando um dobrado bemol à nota Dó, toca-se o Si bemol:

Exercício – Completar, como no modelo, e executar no instrumento:

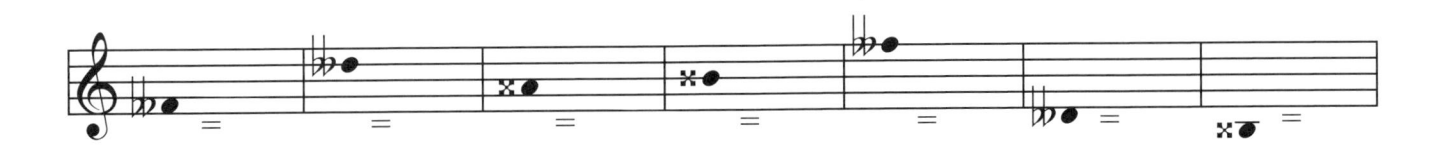

Questionário

1. Quais são as duas alterações além do sustenido, bemol e bequadro?
2. O dobrado sustenido eleva a nota natural em quantos semitons?
3. O dobrado bemol abaixa a nota natural em quantos semitons?
4. Se uma nota Ré recebe um dobrado sustenido, que nota deve-se tocar?
5. Se uma nota Ré recebe um dobrado bemol, que nota deve-se tocar?
6. Que nota corresponde ao Mi dobrado sustenido?
7. Que nota corresponde ao Dó dobrado bemol?

LIÇÃO 30

Os cinco tipos de intervalos

Os cinco tipos de intervalos são: maior, menor, justo, aumentado e diminuto. Os intervalos variam de acordo com a quantidade de tons e de semitons contidos entre suas notas. A disposição (seqüência) dos intervalos é o que forma as escalas e os acordes.

Criando uma sucessão de notas na seqüência Tom, Tom, Semitom, Tom, Tom, Tom, Semitom, a partir da nota Dó, é formada a escala de Dó Maior:

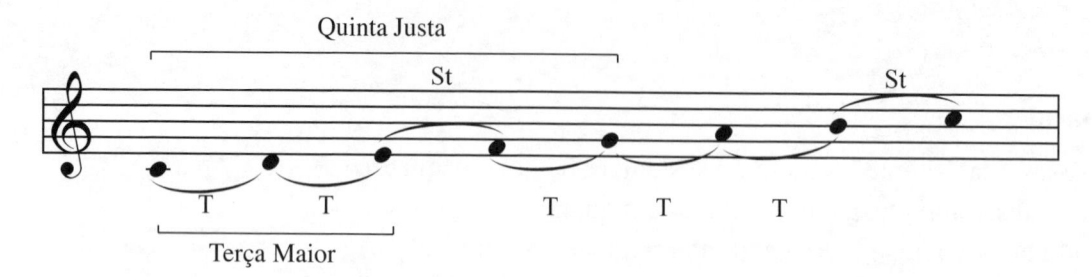

No exemplo acima, entre a primeira e a terceira nota existem dois tons (intervalo de terça maior). Entre a primeira e a quinta nota são três tons e um semitom (intervalo de quinta justa). Esses dois intervalos caracterizam o acorde de Dó Maior. Este exemplo demonstra a importância do entendimento dos intervalos que são a base do estudo de escalas, acordes e harmonia.

Os intervalos são abreviados da seguinte forma:

Maior	M
Menor	m
Justo	J
Aumentado	aum
Diminuto	dim

Os intervalos podem ser de:

2ª, 3ª, 6ª e 7ª	maiores, menores, aumentados e diminutos
4ª, 5ª e 8ª	justos, aumentados e diminutos

Observação: Os intervalos de 4ª, 5ª e 8ª não podem ser maiores ou menores já que, para formar tais intervalos, partindo de determinadas notas, seria necessário utilizar alterações inexistentes como três bemóis. Por exemplo, criando-se uma sucessão de T, T, St a partir da nota Ré♭, o resultado é: Ré♭, Mi♭, Fá, Sol♭. Se o intervalo de Ré♭ a Sol♭ for chamado de 4ª maior, a 4ª menor será no Sol♭♭. Para se chegar à 4ª diminuta, seriam necessários três bemóis.

Esta é a lista dos intervalos Simples mais importantes para a análise dos acordes utilizados nos acompanhamentos, com exemplos a partir da nota Dó:

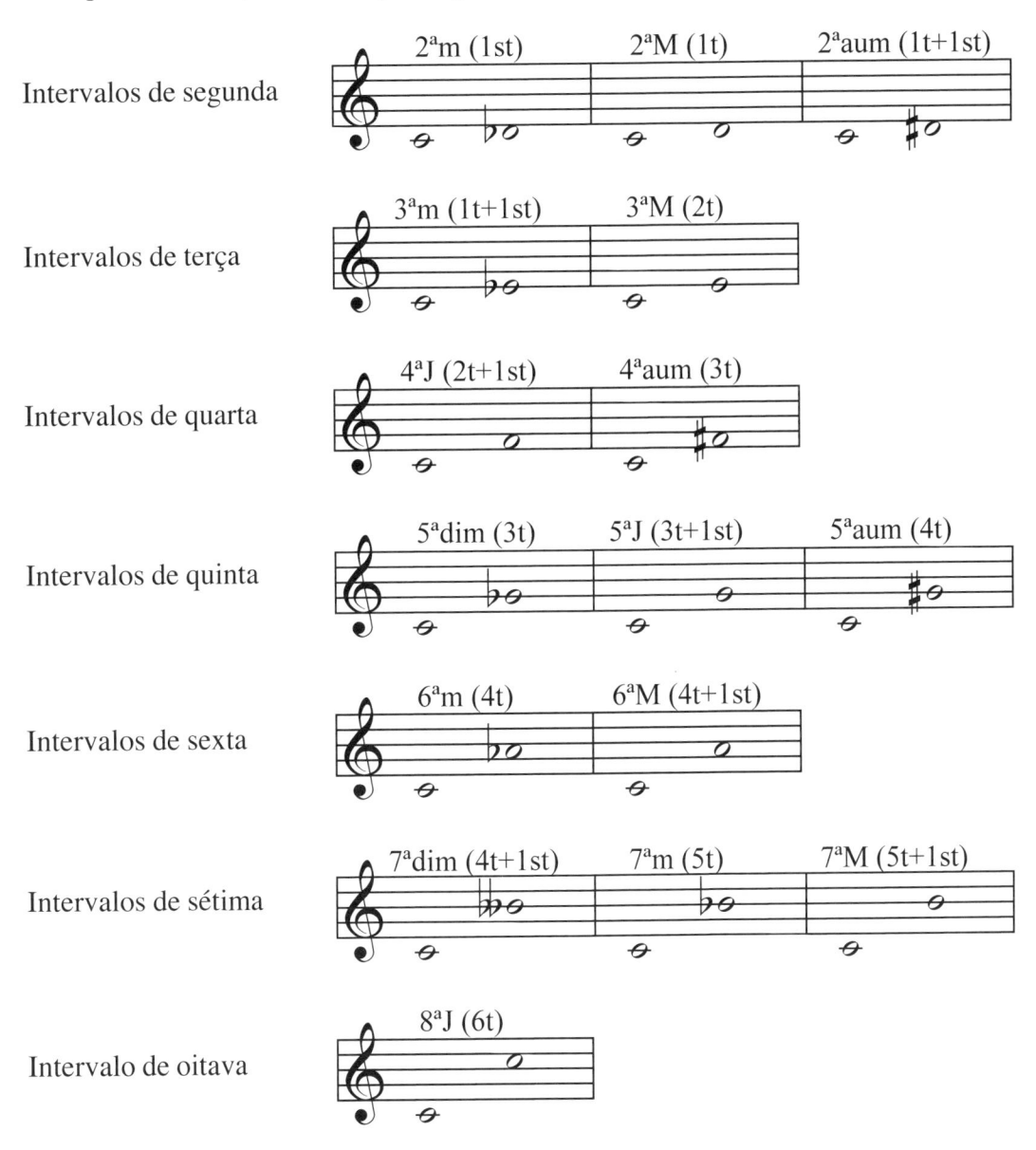

Intervalos de segunda — 2ªm (1st), 2ªM (1t), 2ªaum (1t+1st)

Intervalos de terça — 3ªm (1t+1st), 3ªM (2t)

Intervalos de quarta — 4ªJ (2t+1st), 4ªaum (3t)

Intervalos de quinta — 5ªdim (3t), 5ªJ (3t+1st), 5ªaum (4t)

Intervalos de sexta — 6ªm (4t), 6ªM (4t+1st)

Intervalos de sétima — 7ªdim (4t+1st), 7ªm (5t), 7ªM (5t+1st)

Intervalo de oitava — 8ªJ (6t)

Nos intervalos Naturais, que são formados por notas naturais (sem alterações), observamos as seguintes normas:

Segundas – são maiores. Exceção: Mi-Fá e Si-Dó.

Terças – são menores quando contiverem Mi-Fá ou Si-Dó. São maiores quando não contiverem Mi-Fá ou Si-Dó.

Quartas – são justas. Exceção: Fá-Si que é aumentada.

Quintas – são justas. Exceção: Si-Fá que é diminuta.

Sextas e sétimas – são maiores quando contiverem uma vez o Mi-Fá ou o Si-Dó e menores quando contiverem os dois semitons (Mi-Fá e Si-Dó).

Oitavas – são justas.

Para calcular as mudanças de intervalos rapidamente, subtraindo ou adicionando semitons, observa-se a seguinte equivalência:

$$\text{Maior} - 1\ St = \text{menor}$$
$$\text{Menor} + 1\ St = \text{Maior}$$
$$\text{Justo} + 1\ St = \text{aumentado}$$
$$\text{Justo} - 1\ St = \text{diminuto}$$

Os intervalos que possuem notas com o mesmo tipo de alteração são idênticos aos seus correspondentes de notas naturais. Por exemplo, uma 4ª é justa tanto com as notas Dó♯ e Fá♯ quanto com as mesmas notas naturais (sem alterações).

Os intervalos contidos na escala de Dó Maior servem como ponto de partida para o cálculo dos intervalos das escalas maiores que começam com outras notas.

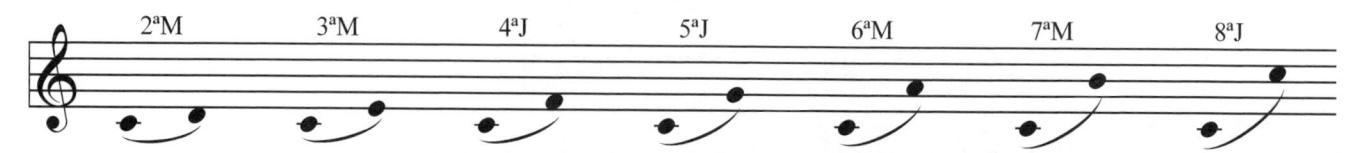

Os intervalos Harmônicos são também classificados como Consonantes e Dissonantes. Os Consonantes são os que proporcionam um sentido de conclusão e de repouso, e podem ser Variáveis ou Invariáveis.

Os intervalos de 3ª e 6ª Maior e menor são Variáveis porque podem ser tanto maior quanto menor, sem deixar de ser Consonantes. Os de 4ª, 5ª e 8ª justa são Invariáveis pois se mudarem de classificação (para aumentado ou diminuto) deixam de ser Consonantes.

Os Dissonantes (2ª e 7ª Maior e menor e os aumentados e diminutos) produzem um sentido de movimento e pedem resolução para um intervalo Consonante. Os intervalos de 2ª e 3ª aumentadas assim como os de 4ª e 9ª diminutas são Dissonantes Condicionais já que equivalem a intervalos Consonantes por enarmonia. O quadro a seguir mostra os principais intervalos Consonantes e Dissonantes utilizados na construção dos acordes:

Consonantes	Dissonantes
3ª Maior e menor	2ª Maior e menor
4ª Justa	4ª aum
5ª Justa	5ª dim e aum
6ª Maior e menor	7ª Maior e menor
8ª Justa	

Observação: As consonâncias são produzidas pelos harmônicos mais próximos do som fundamental, dentro da série harmônica. A partir do sétimo harmônico, são encontradas as dissonâncias. Os conceitos de consonância e dissonância geram controvérsia e variam de acordo com a época e o estilo musical.

Exercício – Classifique os intervalos, como no modelo:

Questionário

1. Quais são os cinco tipos de intervalos?
2. O que diferencia os intervalos?
3. Qual é a seqüência de intervalos da escala de Dó Maior?
4. Como são abreviados os intervalos?
5. Os intervalos de 2ª, 3ª, 6ª e 7ª podem ser de que tipos?
6. Os intervalos de 4ª, 5ª e 8ª podem ser de que tipos?
7. Como são formados os intervalos Naturais?
8. O que são intervalos Consonantes?
9. O que são intervalos Dissonantes?
10. Quais intervalos são Variáveis?
11. Quais intervalos são Invariáveis?

LIÇÃO 31

Inversão dos intervalos

Inverter um intervalo é passar sua nota mais grave para uma oitava acima ou a mais aguda para baixo. Na inversão do intervalo Melódico, a ordem das notas não deve ser alterada. O intervalo Ascendente passa a ser Descendente e vice-versa.

Quanto ao número, os intervalos invertidos possuem as seguintes correspondências:

2ª ⟷ 7ª
3ª ⟷ 6ª
4ª ⟷ 5ª
5ª ⟷ 4ª
6ª ⟷ 3ª
7ª ⟷ 2ª

Quanto ao tipo, os intervalos passam a ter as seguintes qualidades, quando invertidos:

Maior ⟷ menor
menor ⟷ Maior
Justo ⟷ Justo
Aumentado ⟷ Diminuto
Diminuto ⟷ Aumentado

Exercício – Inverter e classificar os intervalos como no modelo do primeiro e segundo compassos:

Questionário

1. O que é inverter um intervalo?
2. Quanto ao número, qual a correspondência entre os intervalos invertidos?
3. Quanto ao tipo, qual a correspondência entre os intervalos invertidos?
4. Qual o resultado da inversão de um intervalo de terça maior?
5. Qual o resultado da inversão de uma quarta justa?

LIÇÃO 32

Intervalos compostos

São intervalos que ultrapassam uma oitava. Por exemplo, do Dó3 ao Ré4 existem nove notas, ou seja, uma a mais que a oitava.

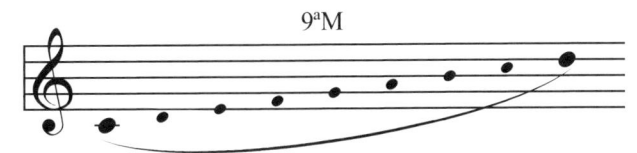

Os intervalos Compostos têm uma relação direta com os intervalos Simples correspondentes: as notas possuem o mesmo nome e apenas a altura é que muda em uma oitava. A diferença entre os intervalos correspondentes é sempre de sete notas:

Composto		Simples
9ª	=	2ª
10ª	=	3ª
11ª	=	4ª
12ª	=	5ª
13ª	=	6ª

Logo, os tipos de intervalos Compostos são os mesmos que seus respectivos Simples:

Intervalos de 2ª, 3ª e 6ª = 9ª, 10ª e 13ª (são maiores, menores, aumentados e diminutos)

Intervalos de 4ª e 5ª = 11ª e 12ª (são justos, aumentados e diminutos)

Exercício – Escreva o nome do intervalo Composto e anote o respectivo Simples, como no modelo:

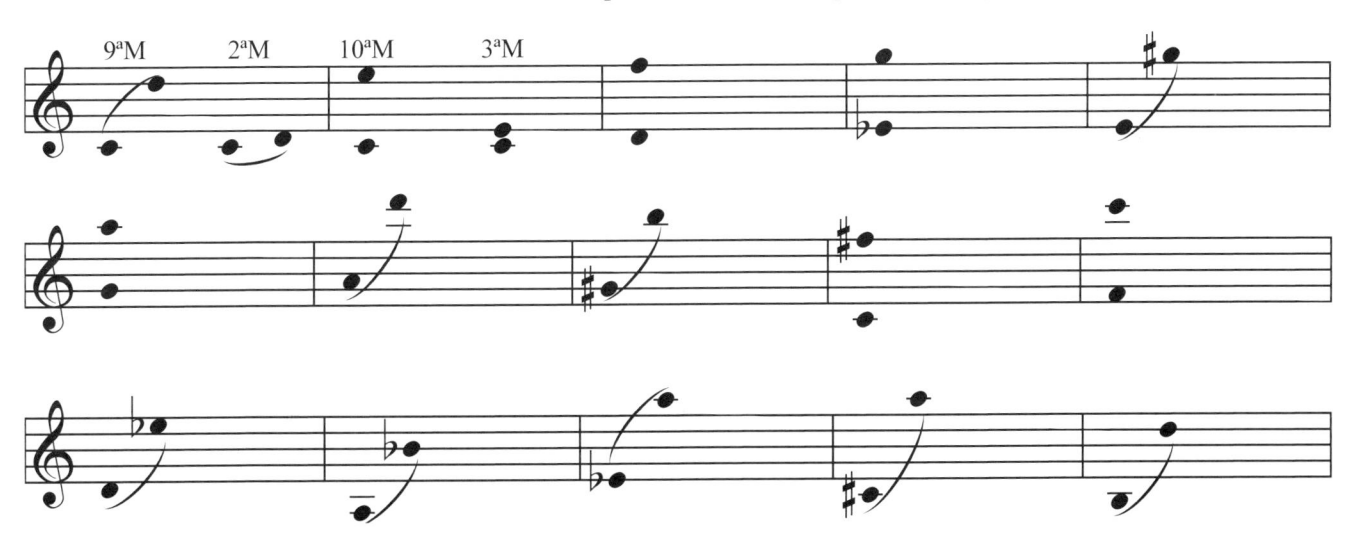

Questionário

1. O que são intervalos Compostos?
2. Qual a correspondência entre os intervalos Simples e Compostos?
3. De quanto é a diferença entre os intervalos Compostos e seus correspondentes Simples?
4. Qual a correspondência entre os tipos de intervalos Simples e Compostos?

LIÇÃO 33

Sinais de abreviatura

São sinais utilizados para simplificar a escrita de notas iguais ou desiguais, assim como de pequenos grupos de notas a serem repetidos.

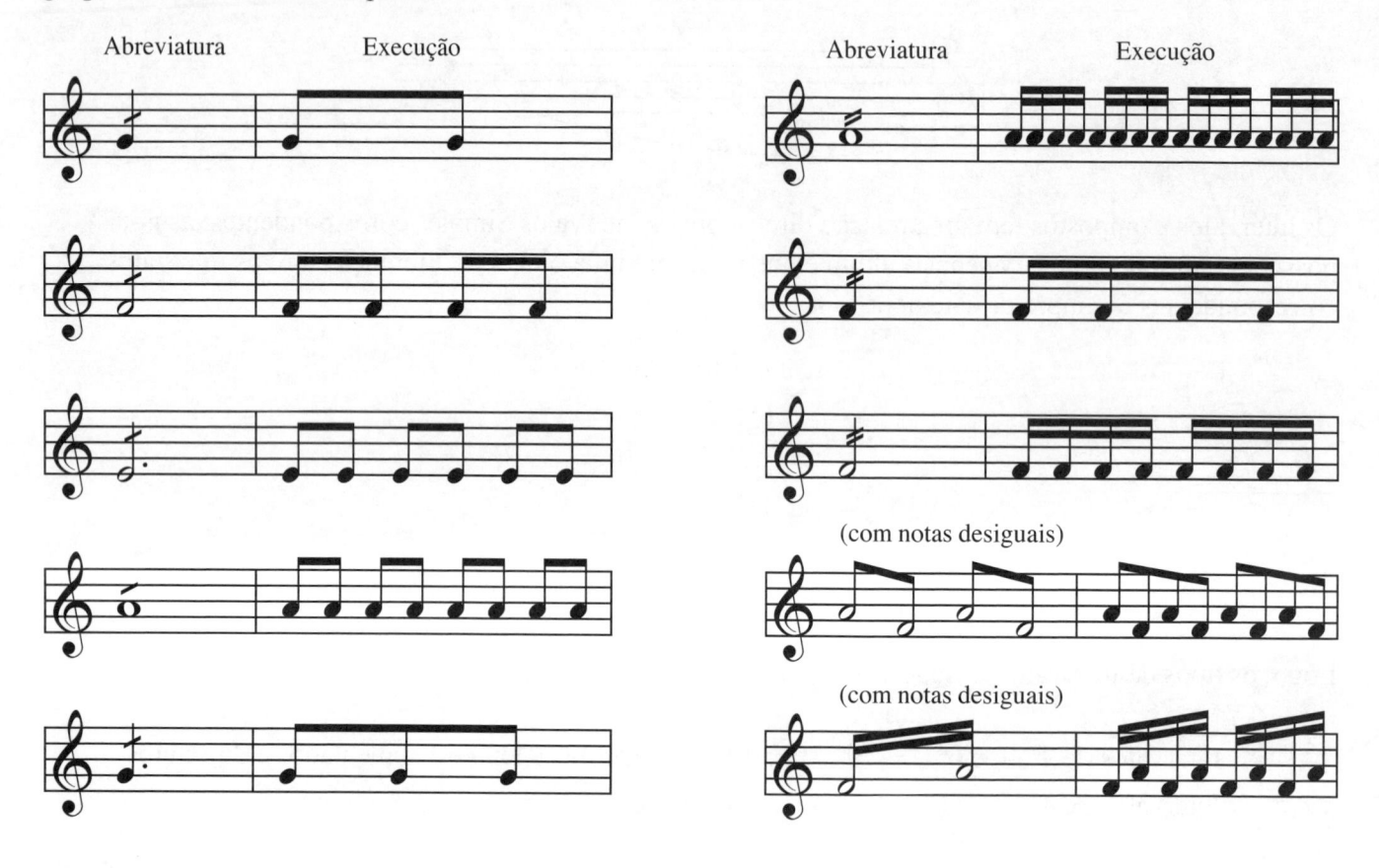

(com notas desiguais)

(com notas desiguais)

A abreviatura de *tremolo* (trêmulo) é constituída de três ou quatro traços acima ou abaixo de uma nota e indica que a mesma deve ser executada rápida e repetidamente, sem contar o número de repetições, mas conservando a duração da figura.

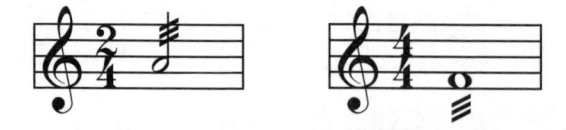

Os sinais de abreviatura também podem ser aplicados em pequenos grupos de notas e para a repetição de um ou dois compassos:

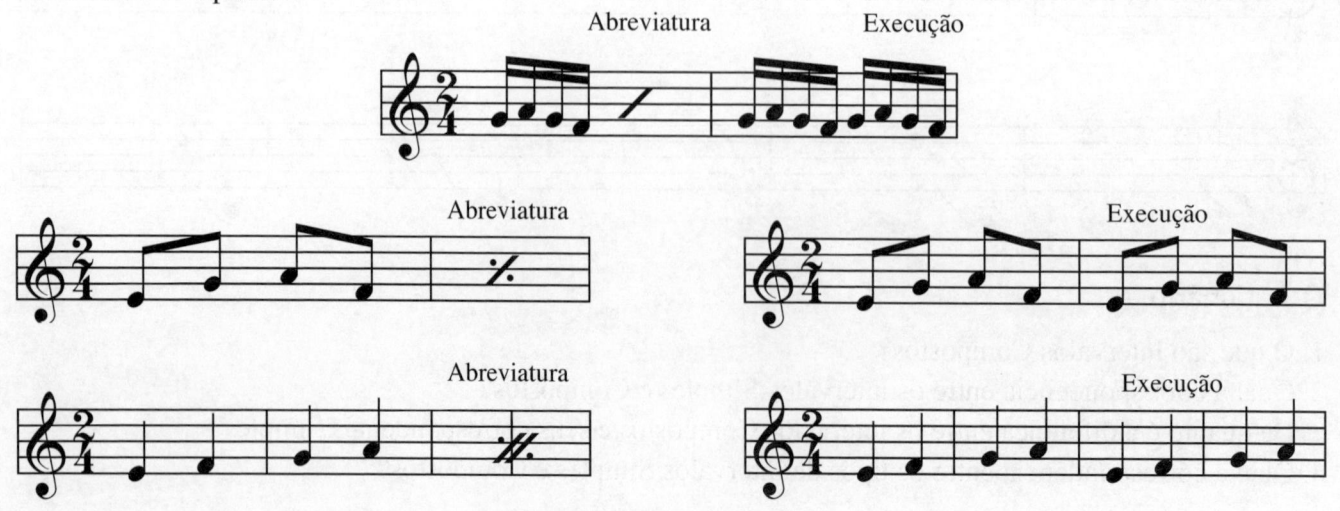

Quando há muitos compassos de pausa, usa-se a abreviatura de espera, que é representada por uma barra horizontal sob o número de compassos em pausa. Se o músico não tiver que atuar por um longo trecho, como por exemplo até o final de um movimento, utiliza-se o termo *Tacet* na pauta. No exemplo a seguir, a espera é de 16 compassos:

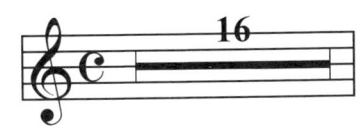

Exercício – Escrever, nas pautas em branco, a interpretação do seguinte trecho que possui diversas abreviaturas:

Questionário

1. Para que são utilizados os sinais de abreviatura?
2. De que é constituída e o que indica a abreviatura de trêmulo?
3. As abreviaturas podem ser aplicadas em grupos de notas?
4. As abreviaturas podem ser usadas para repetir compassos inteiros?
5. O que se utiliza na partitura quando há muitos compassos em pausa?

LIÇÃO 34

Quiáltera

Quiáltera é um grupo de figuras que não obedece à subdivisão normal do tempo ou do compasso. É constituída de mais ou menos figuras do que o normal. A mais comum é a de três notas, no espaço onde caberiam duas. A quiáltera é escrita com o número de figuras que a compõe, dentro de uma chave.

Por exemplo, no compasso 2/4, a Unidade de Tempo é a semínima. Logo, cada tempo pode ter uma semínima ou duas colcheias.

Como pode ser observado na pauta a seguir, o segundo compasso possui três colcheias para cada tempo. Esse grupo de três colcheias é a própria quiáltera (tercina) que, neste caso, é Aumentativa já que o número de figuras utrapassa a subdivisão normal.

As quiálteras podem aparecer combinadas com pausas ou com uma figura equivalente a duas. Quando a quiáltera tem figuras iguais, é Uniforme. Quando tem figuras diferentes, é Desigual.

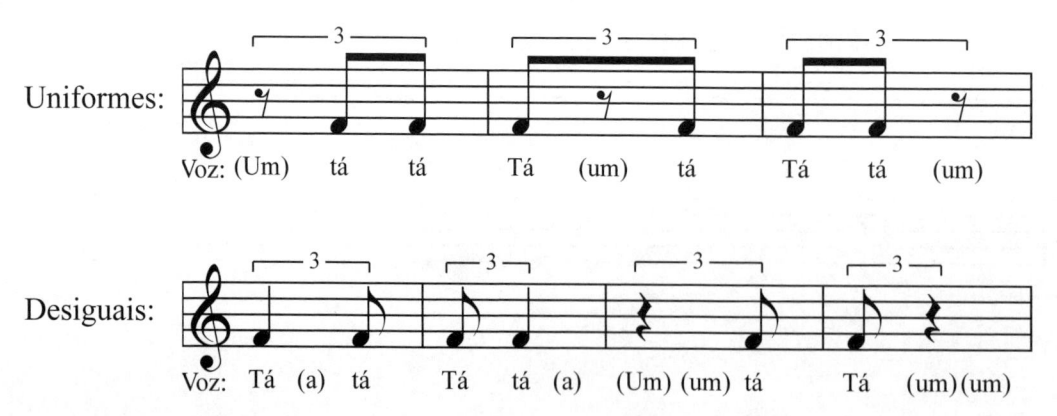

Existem, também, quiálteras com menos figuras do que a subdivisão ou divisão normal. Por exemplo, no compasso 3/4 que suporta três semínimas, se houver somente duas, distribuídas igualmente sem perder a marcação do tempo, o resultado é uma quiáltera de dois. Neste caso ela é Diminutiva.

As quiálteras Aumentativas podem ser Regulares e Irregulares. A Regular contém o número normal de figuras mais a metade:

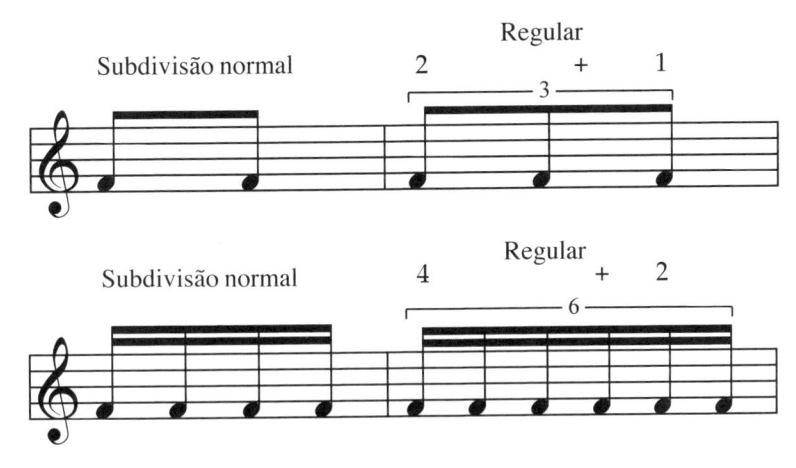

Subdivisão normal — **Regular** 2 + 1 (3)

Subdivisão normal — **Regular** 4 + 2 (6)

A quiáltera Irregular possui um número de figuras que não corresponde à quantidade normal acrescida da metade:

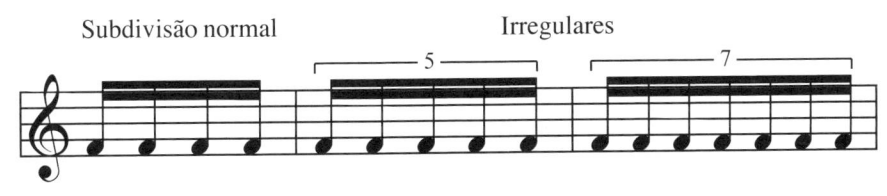

Subdivisão normal — **Irregulares** (5) (7)

Exercício – Estude a seguinte leitura rítmica com o metrônomo regulado em 52bpm, sem perder a pulsação:

Questionário

1. O que é quiáltera?
2. Qual a quiáltera mais comum?
3. Como se escreve uma quiáltera?
4. A quiáltera de três figuras onde caberiam duas é Aumentativa ou Diminutiva?
5. Quando a quiáltera é Uniforme e quando é Desigual?
6. A quiáltera de duas figuras onde caberiam três é Aumentativa ou Diminutiva?
7. A quiáltera que possui o número normal de figuras mais a metade é Regular ou Irregular?

LIÇÃO 35

Compassos compostos

Compassos compostos são os que possuem três partes (subdivisões) em cada tempo. Ao invés da música ser escrita em compassos simples (2/4, 3/4 e 4/4), utilizando quiálteras de três, elimina-se a quiáltera e transforma-se o compasso em composto, mantendo-se a mesma pulsação.

Formação dos compassos compostos – Cada compasso composto é formado a partir de um correspondente simples, no qual o número superior da fórmula de compasso é multiplicado por 3 e o inferior por 2.

$$\text{Compasso simples} \times \frac{3}{2} = \text{Compasso composto}$$

Esta relação pode ser comprovada através da leitura rítmica das duas colunas a seguir, regulando-se o metrônomo em 56bpm e mantendo-se a pulsação.

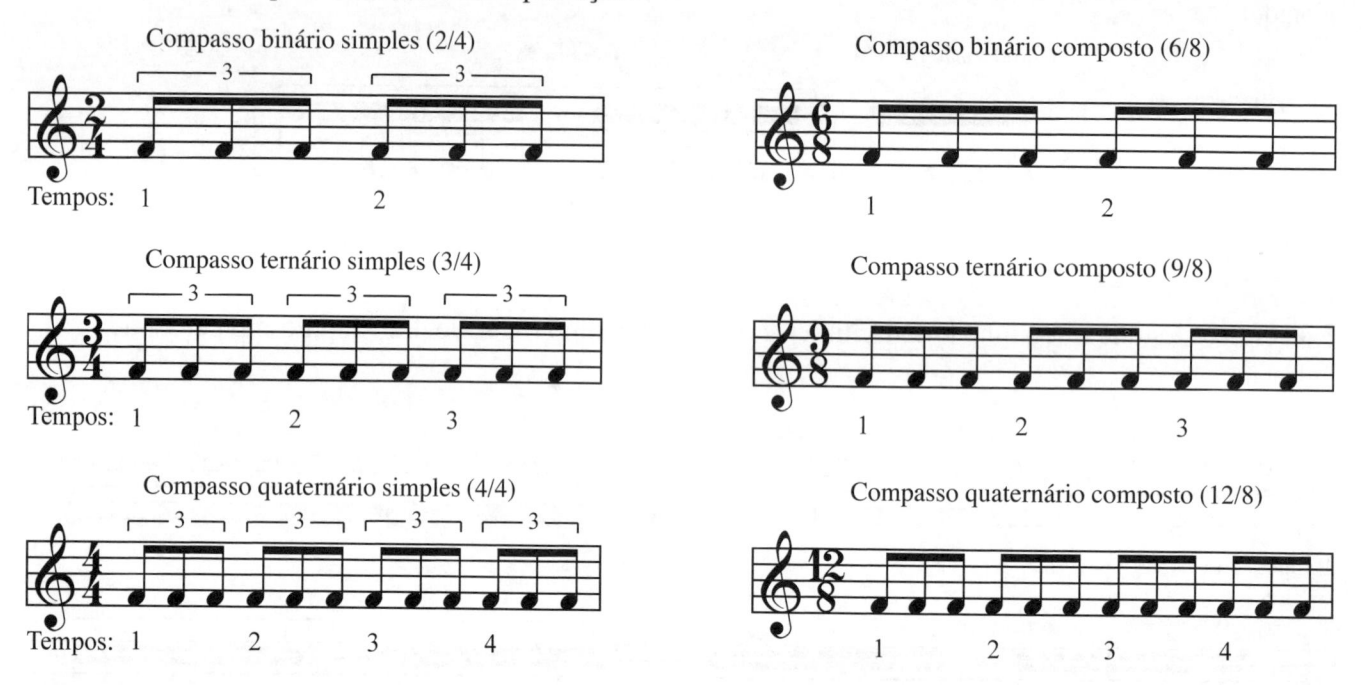

As Unidades de Tempo e de Compasso, nos compassos compostos, possuem sempre figuras pontuadas. Como no compasso 9/8 não há uma única figura que represente a Unidade de Compasso, considera-se as figuras pontuadas ligadas como Unidade de Som.

Síncope nos compassos compostos – Os compassos compostos podem misturar pausas, ligaduras, figuras correspondentes a dois ou mais valores e síncopes. Contudo, a escrita deve ser cuidadosa para que os grupos de três subdivisões por tempo sejam facilmente identificáveis, principalmente quando ocorrerem síncopes, como mostra o seguinte exemplo de solfejo:

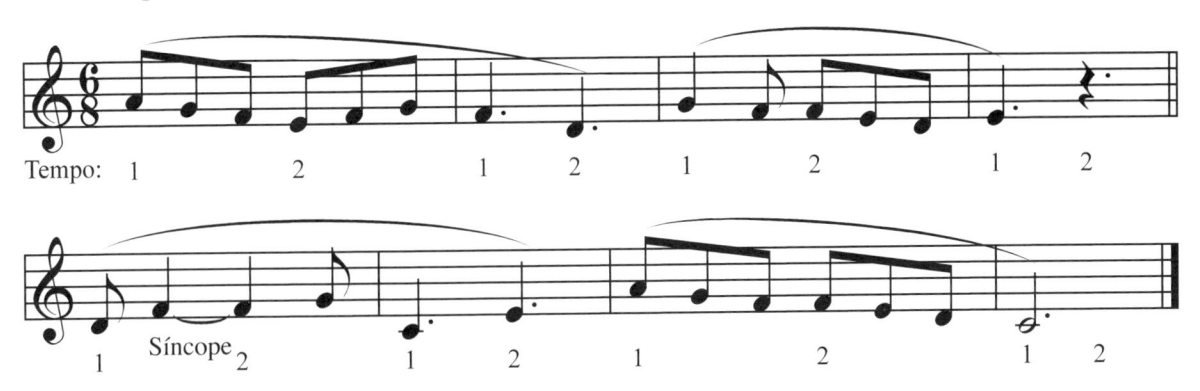

Outros exemplos de síncopes encontradas nos compassos compostos:

Observação: Os compassos compostos mais utilizados são os que possuem, na fórmula de compasso, números inferiores 8 ou 16. Partindo dos compassos compostos, para se achar os compassos simples correspondentes, divide-se o número superior por 3 e o inferior por 2. Por exemplo, o compasso simples correspondente de 9/16 é o 3/8.

Exercício – Leitura rítmica em compasso composto:

Questionário

1. O que são compassos compostos?
2. De que é derivado cada compasso composto?
3. As Unidades de Tempo e de Compasso dos compostos possuem figuras simples ou pontuadas?
4. Quais são os denominadores mais usados nos compassos compostos?
5. Como se acha o compasso simples correspondente de um composto?

LIÇÃO 36

Marcação dos tempos dos compassos compostos

A marcação dos tempos dos compassos compostos é idêntica à dos seus correspondentes simples. Porém, já que cada tempo possui subdivisão ternária, marca-se com a mão, três subdivisões em cada tempo, fazendo os seguintes movimentos:

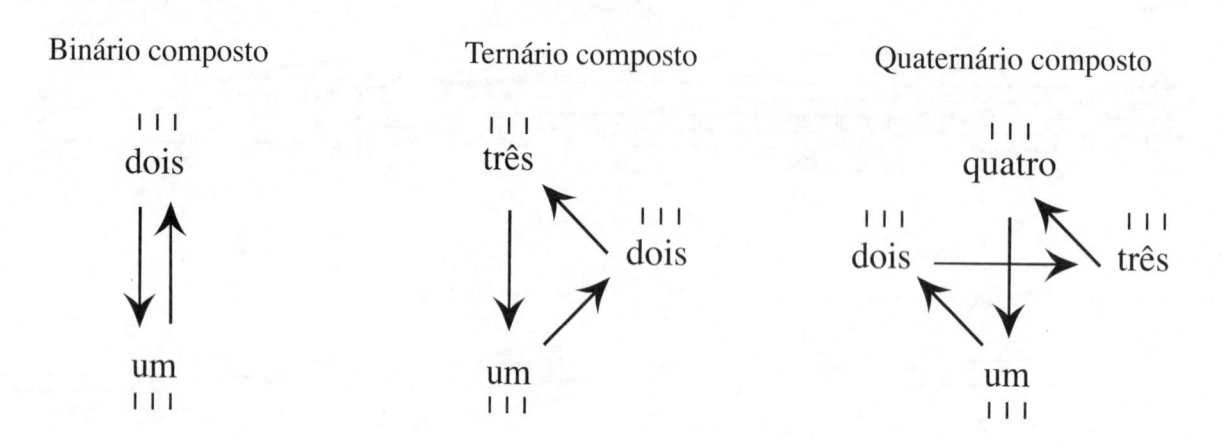

Binário composto	Ternário composto	Quaternário composto

Observação: Nos andamentos rápidos é mais difícil marcar as subdivisões ternárias com a mão. A solução é marcar como nos compassos simples correspondentes e mentalizar cada subdivisão ternária para não perder a pulsação.

Exercício – Marcar o compasso composto com a mão e solfejar:

Questionário

1. Qual a subdivisão de cada tempo no compasso composto?
2. Como se marca o compasso composto?
3. Como se deve marcar o compasso composto em andamentos rápidos?

LIÇÃO 37

Dois pontos de aumento

Um ponto à direita de uma figura aumenta seu valor na metade. Quando aparecem dois pontos, o segundo equivale à metade do primeiro. Logo, a figura fica acrescida de metade mais um quarto de seu valor. Se, por exemplo, uma mínima vale dois tempos, com um ponto valerá três:

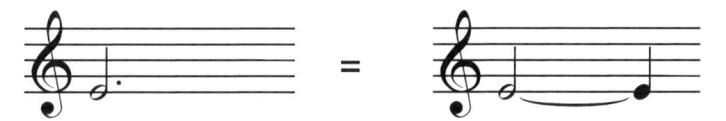

Com dois pontos valerá três tempos e meio:

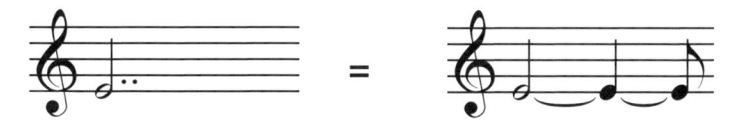

Os pontos de aumento podem ser substituídos por ligaduras de notas que possuam os tempos correspondentes. A utilização de uma ou outra forma é uma opção do próprio compositor. O uso de pontos proporciona uma escrita mais "limpa" contudo, torna a leitura à primeira vista mais difícil. As ligaduras ocupam maior espaço mas é fácil identificar cada tempo, como mostra o seguinte exemplo:

Exercício – Leitura rítmica:

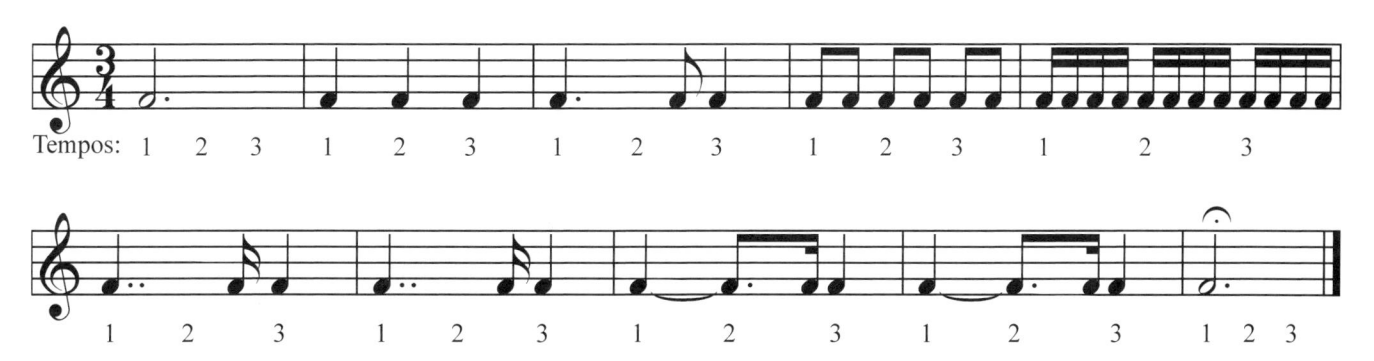

Questionário

1. O que ocorre quando uma figura tem dois pontos à sua direita?
2. Se uma mínima pontuada vale três tempos, quanto valerá com dois pontos?
3. Pontos de aumento podem ser substituídos por ligaduras de notas?
4. Qual o benefício da utilização de pontos de aumento?
5. Qual o benefício da utilização de ligaduras de notas?

LIÇÃO 38

Figuras até semifusa

Este é o quadro da relação entre todas as figuras, da semibreve à semifusa. Os algarismos à esquerda do quadro podem ser utilizados para o número inferior das fórmulas de compasso.

1	Semibreve	o	Nota inteira
2	Mínima	𝅗𝅥	Metade da inteira
4	Semínima	♩	Quarto da inteira
8	Colcheia	♪	Oitavo da inteira
16	Semicolcheia	𝅘𝅥𝅯	16ª parte da inteira
32	Fusa	𝅘𝅥𝅰	32ª parte da inteira
64	Semifusa	𝅘𝅥𝅱	64ª parte da inteira

Esta é a representação da equivalência entre as figuras, no sentido horizontal:

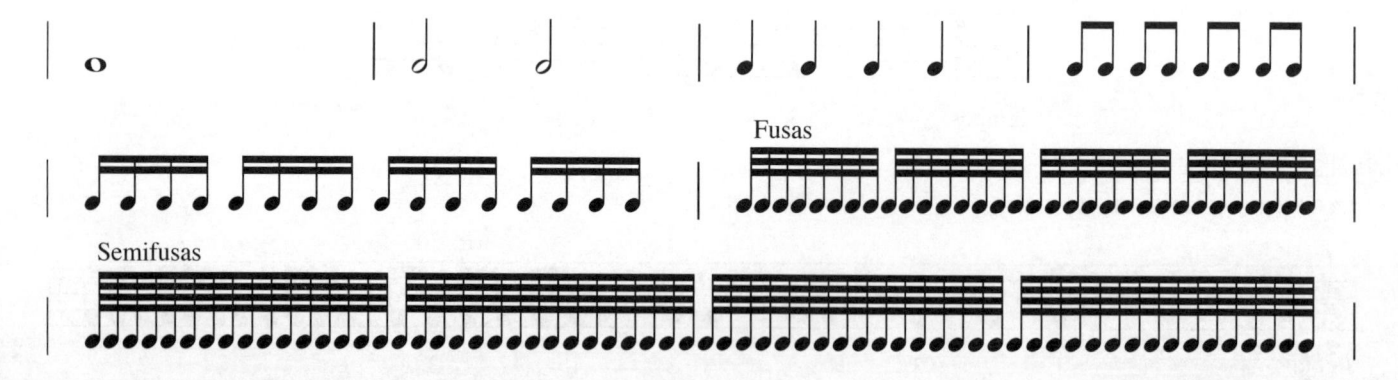

Logo, entre as figuras há uma equivalência na seguinte proporção:

Uma semibreve = 2 mínimas = 4 semínimas = 8 colcheias = 16 semicolcheias = 32 fusas = 64 semifusas.

Uma mínima = 2 semínimas = 4 colcheias = 8 semicolcheias = 16 fusas = 32 semifusas.

A fusa vale metade da semicolcheia, 1/4 da colcheia, 1/8 da semínima, 1/16 da mínima, 1/32 da semibreve.

A semifusa vale metade da fusa, 1/4 da semicolcheia, 1/8 da colcheia, 1/16 da semínima, 1/32 da mínima e 1/64 da semibreve.

Na prática, é incomum encontrar músicas escritas com fusas e semifusas quando a fórmula de compasso possui o número inferior 4, já que seria muito difícil tocar 16 semifusas por tempo, mesmo em andamento muito lento. Já com número inferior 8 ou 16 na fórmula de compasso, os grupos de fusas e de semifusas são perfeitamente exeqüíveis.

O seguinte solfejo em 3/8 apresenta as figuras já estudadas. O número 8 indica que a colcheia vale um tempo, a semicolcheia vale 1/2 e a fusa 1/4 de tempo. A figura que preenche um compasso é a semínima pontuada. O andamento ideal é o *adagio*:

Observação: Na língua inglesa, a fusa e a semifusa são denominadas, respectivamente, *thirty-second* e *sixty-fourth notes*.

Exercício – Leitura rítmica em andamento lento para que se possa pronunciar as fusas e a quiáltera de seis semicolcheias. O início é em anacruse.

Questionário

1. Uma semibreve vale quantas semicolcheias?
2. Uma mínima vale quantas fusas?
3. No compasso 3/8 qual é a figura que vale um tempo?
4. No compasso 3/8 qual é a figura que preenche um compasso?

LIÇÃO 39

Ornamentos

Os ornamentos são efeitos aplicados em determinadas notas da melodia (notas reais) e servem para embelezá-las. São escritos por intermédio de sinais e grupos de notas diferentes das reais, em tamanhos reduzidos. A escrita e a interpretação dos ornamentos diferem de acordo com a época em que a música foi composta. De uma forma geral, seguem as seguintes normas:

Apojatura – ornamento constituído de pequenas colcheias ou semicolcheias ligadas à nota real. Pode ser Superior ou Inferior, dependendo da sua posição. Quando possui apenas uma nota, ela é Simples, podendo ser Longa ou Breve. A apojatura de duas notas é denominada Dupla ou Sucessiva.

Na interpretação, a apojatura subtrai parte do valor da figura real. Uma variação da apojatura é a *acciaccatura*, que diminui parte da duração da nota anterior, ou seja, a nota real não é deslocada. O próprio músico deve optar por uma ou outra interpretação, considerando o estilo da composição.

A apojatura Longa subtrai metade do valor da nota real:

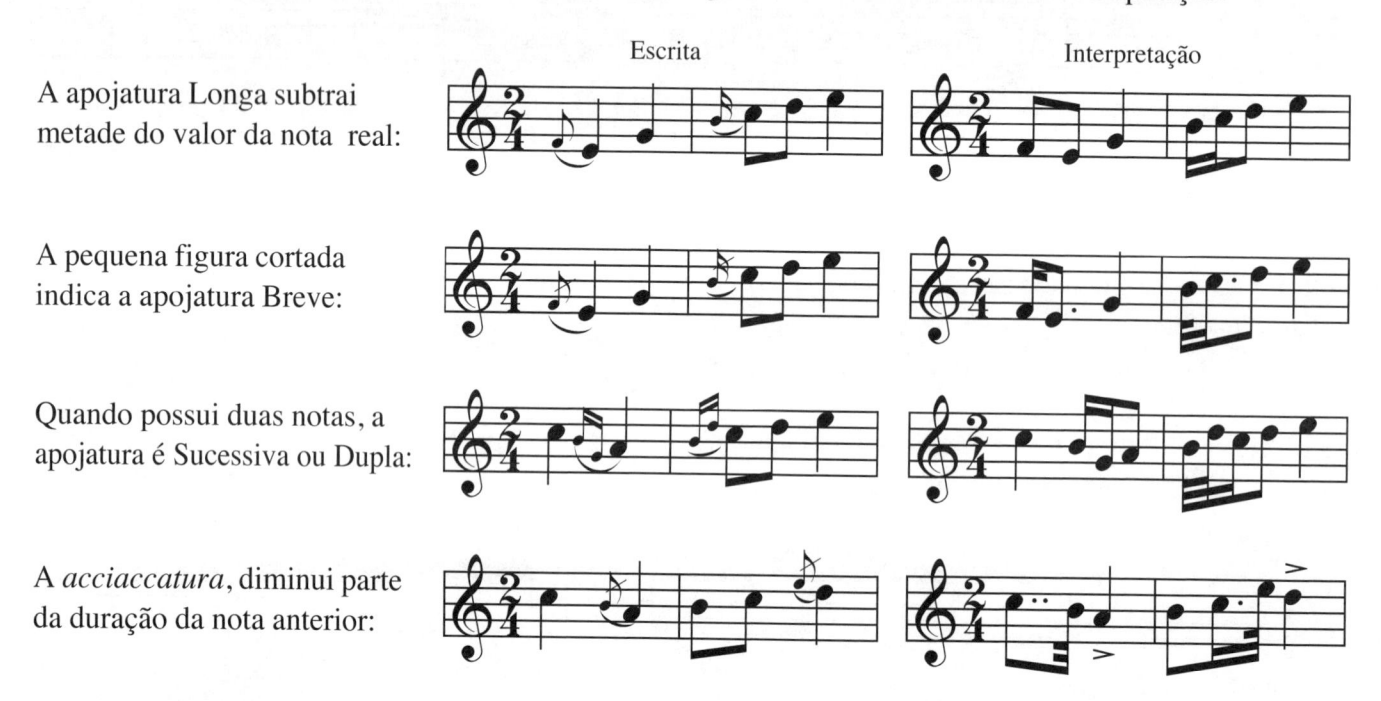

A pequena figura cortada indica a apojatura Breve:

Quando possui duas notas, a apojatura é Sucessiva ou Dupla:

A *acciaccatura*, diminui parte da duração da nota anterior:

Trinado – ornamento formado pela alternância veloz entre a nota real e a nota logo acima, produzindo um efeito de continuidade. É representado pelo símbolo "tr".

Começando na nota escrita:

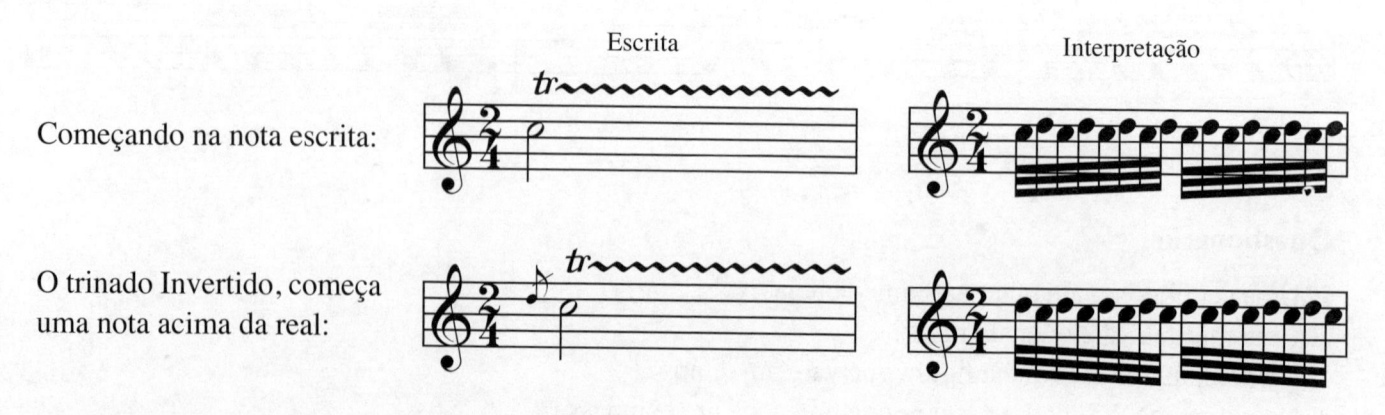

O trinado Invertido, começa uma nota acima da real:

Mordente – ornamento que requer uma interpretação similar à da apojatura, contudo, a primeira nota é a real e a segunda pode ser uma 2ª Maior ou menor, acima ou abaixo. Em algumas partituras aparece representado por pequenas semicolcheias que mostram as notas a serem tocadas, contudo, normalmente é indicado através dos símbolos ∾ (mordente Superior) e ∾ (mordente Inferior).

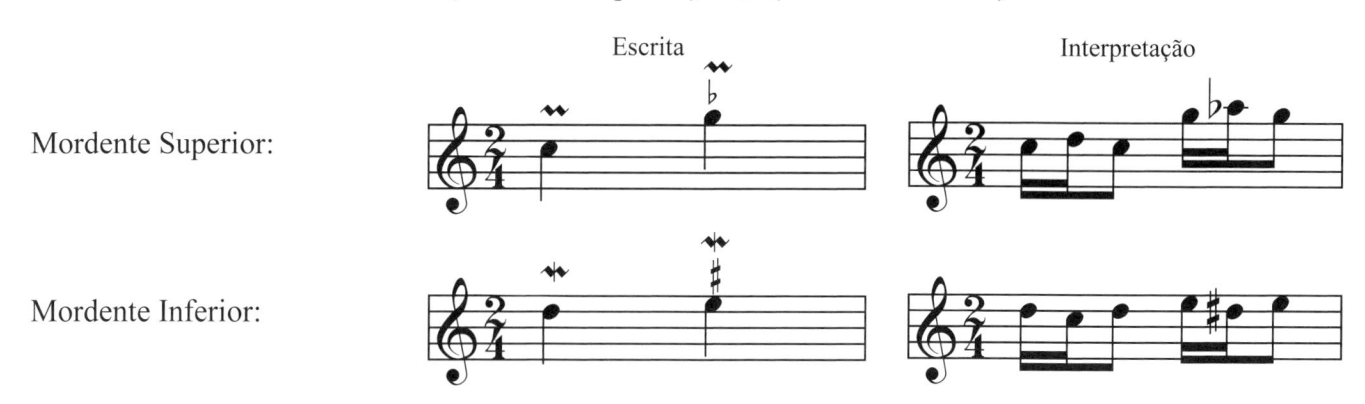

Mordente Superior:

Mordente Inferior:

Grupeto – ornamento constituído por três ou quatro notas que não ultrapassam um intervalo de 2ª acima ou abaixo da nota real. O grupeto Superior começa na nota superior e é representado pelo símbolo ∾. O Inferior possui o sinal invertido (∾) ou cortado (∾) e inicia na nota inferior.

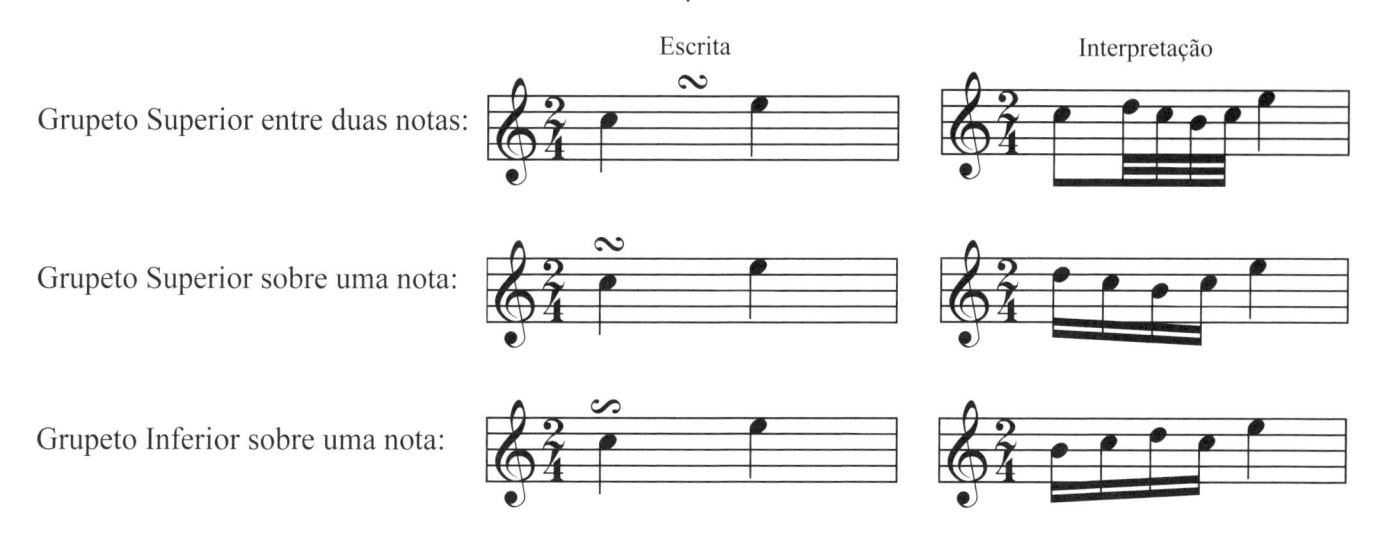

Grupeto Superior entre duas notas:

Grupeto Superior sobre uma nota:

Grupeto Inferior sobre uma nota:

Exercício – Executar, no instrumento, a seguinte melodia com ornamentos, sendo o segundo compasso com *acciaccatura*:

Questionário

1. O que são e para que servem os ornamentos?
2. Como são escritos?
3. O que é a apojatura?
4. O que é a *acciaccatura*?
5. O que é o trinado?
6. O que é o mordente?
7. O que é o grupeto?

LIÇÃO 40

Os graus das escalas

As notas das escalas são identificadas por graus, escritos em algarismos romanos e, a cada grau é atribuído um nome que expressa uma relação direta com a função e a importância da nota dentro da escala.

A escala maior, por exemplo, é formada por sete graus (o oitavo é repetição do primeiro) e possui a seguinte seqüência de intervalos: Tom, Tom, Semitom, Tom, Tom, Tom, Semitom. O seguinte exemplo mostra os graus da escala diatônica de Dó Maior.

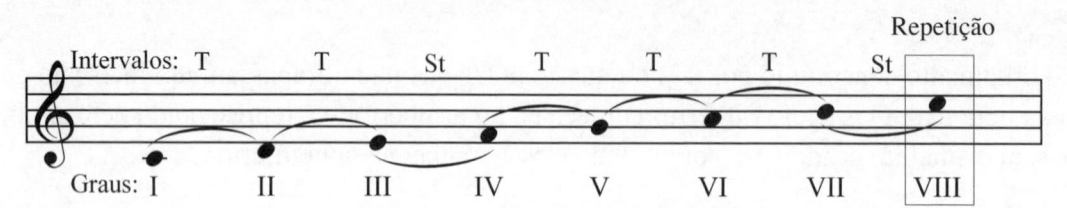

Os nomes dos graus e suas características são:

   I – Tônica (o principal; dá o nome da escala e seu tom – função estável)
   II – Supertônica (um grau acima da tônica)
   III – Mediante (o meio entre tônica e dominante)
   IV – Subdominante (um grau abaixo da dominante – função semi-estável)
   V – Dominante (o principal depois da tônica – função instável)
   VI – Superdominante (um grau acima da dominante)
   VII – Sensível (está um semitom abaixo da Tônica e pede resolução na mesma)
   VIII – Tônica (repetição)

Quando o VII (diz-se sétimo grau) está um tom abaixo da tônica, o mesmo é denominado Subtônica.

Os graus da escala podem ser dispostos na direção Ascendente (subindo) e Descendente (descendo):

Os graus são classificados de Conjuntos quando aparecem consecutivamente, tanto na forma Ascendente quanto na Descendente.

Quando dois graus são intercalados por um ou mais graus implícitos, são classificados de Disjuntos, podendo ser Ascendentes ou Descendentes:

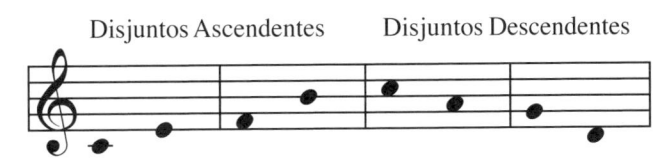

Graus modais – III e VI. São os que definem se a escala é do modo maior ou menor, principalmente o III. Quando há uma 3ª Maior e uma 6ª Maior do I para o III e do I para o VI, respectivamente, o modo é Maior. Se esses intervalos forem menores, o modo é menor. Alguns teóricos consideram, também, o VII como grau modal. Os exemplos a seguir estão em Dó:

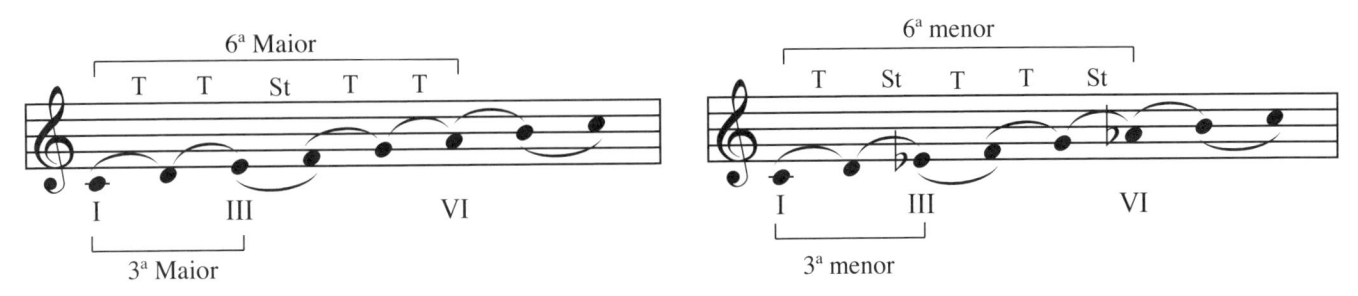

O III é considerado grau modal Invariável já que, em relação à tônica, sempre forma intervalo de terça maior (modo maior) e terça menor (modo menor). O VI e o VII são Variáveis pois os intervalos que formam com a tônica variam nas três formas da escala menor (natural, harmônica e melódica).

Graus tonais – I, IV e V. São os que caracterizam o tom (juntamente com os acordes que se formam sobre esses graus). O I (tônica) é o principal e tem a função estável, de repouso. O IV (subdominante) tem função semi-estável e o V (dominante) tem função instável. Em relação à tônica, os graus tonais fazem intervalos de 4ª Justa e de 5ª Justa superiores.

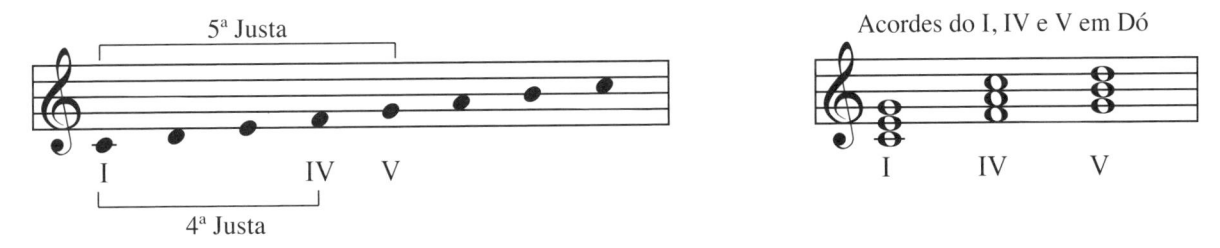

Observação: O sistema musical ocidental baseia-se na música tonal na qual é extremamente importante o conceito de tonalidade maior e menor. Na música tonal, há uma hierarquia de sons, na qual destaca-se o centro de atração.

Exercício 1 – Escreva a classificação dos seguintes graus da escala de Dó Maior com as abreviações CA (graus Conjuntos Ascendentes), CD (Conjuntos Descendentes), DA (Disjuntos Ascendentes) e DD (Disjuntos Descendentes), conforme o modelo:

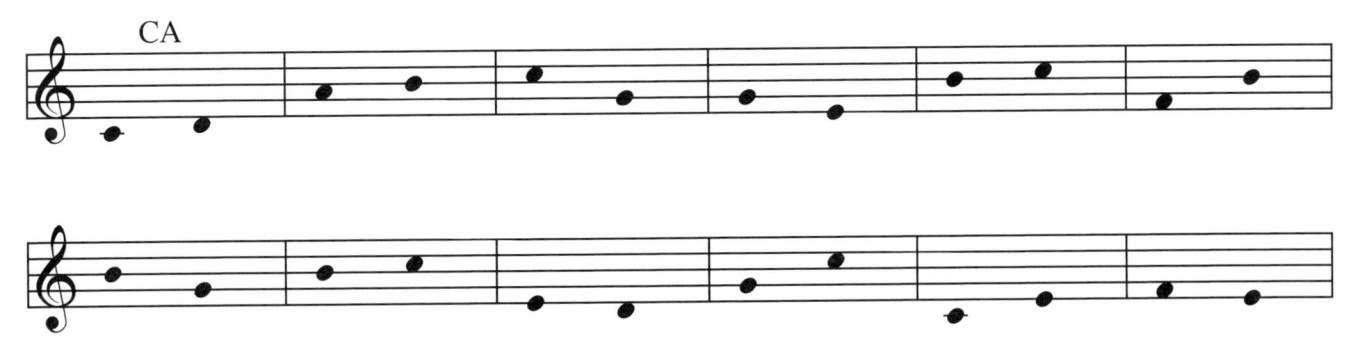

Exercício 2 – Preencher os graus modais de acordo com os quatro modelos:

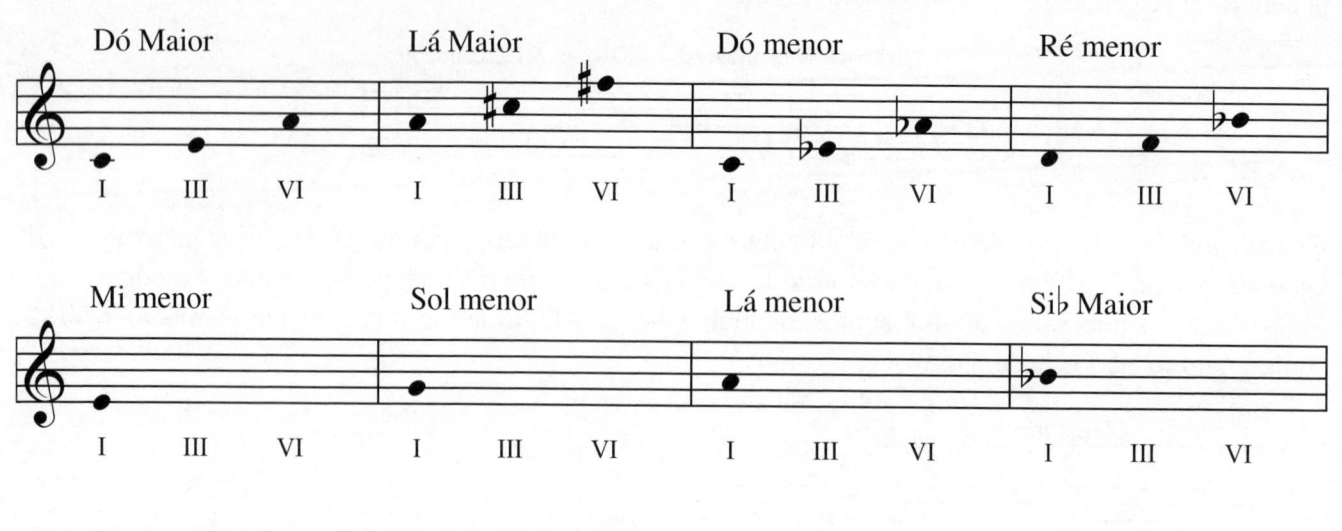

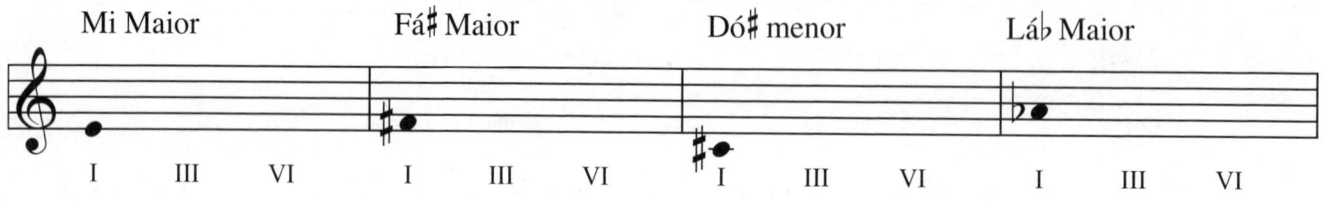

Questionário

1. Como são identificadas as notas das escalas?
2. O que é atribuído a cada grau?
3. A escala maior é formada por quantos graus?
4. Qual a seqüência de intervalos das escalas maiores?
5. Quais são os nomes dos graus?
6. Quais são os dois graus principais e que nomes possuem?
7. Em quais direções podem ser dispostos os graus da escala?
8. Quando os graus são Conjuntos?
9. Quando os graus são Disjuntos?
10. Quais são os graus modais?
11. O que são graus modais?
12. Quais são os graus tonais?
13. O que são graus tonais?
14. Em que se baseia a música ocidental?

LIÇÃO 41

Introdução às escalas e acordes

As escalas são formadas por sequências de intervalos e os acordes são originados nos graus das escalas. Logo, escalas e acordes estão intrinsecamente ligados. Por exemplo, uma sequência do I ao V com as notas Dó-Ré-Mi-Fá-Sol representa uma parte da escala de Dó Maior e os graus I, III e V formam o acorde de Dó Maior (Dó-Mi-Sol). A sequência Dó-Ré-Mi♭-Fá-Sol é uma parte da escala de Dó menor que gera o acorde de Dó menor (Dó-Mi♭-Sol). Os acordes formados a partir das escalas encontram-se na Lição 62. A disposição dos intervalos e a característica dos graus modais indicam os diferentes modos da escala e dos acordes:

Modo Maior – Caracteriza a escala maior e possui intervalos de T-T-St-T-T-T-St. Os semitons são do III para o IV e do VII para o VIII. Nas pautas abaixo, as notas brancas (I, III, V) compõem o acorde de Dó Maior:

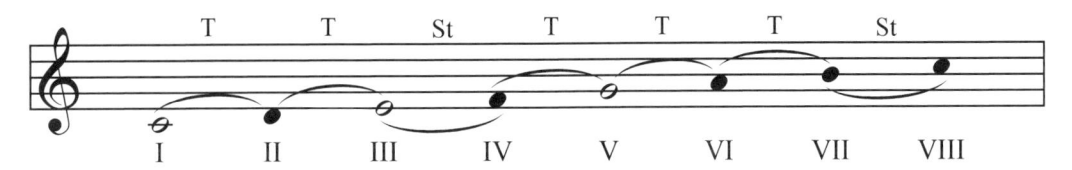

Modo menor – Caracteriza a escala menor e possui T-St-T-T-St-T+St-St. Os semitons são do II para o III, do V para o VI e do VII para o VIII. Esta é a escala de Dó menor harmônica onde há um intervalo de 2ª aumentada entre o VI e VII. As notas brancas (I, III, V) compõem o acorde de Dó menor. Diferentes sequências de intervalos formam outras escalas menores que são detalhadas na Lição 47.

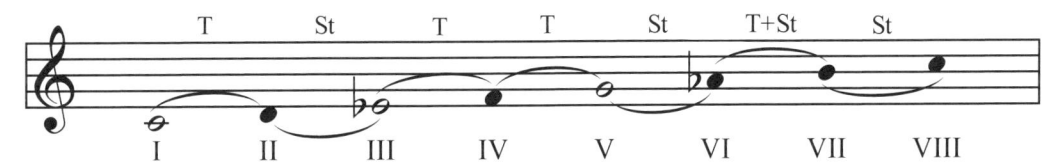

Os acordes são formados por, no mínimo, três notas que podem ser tocadas simultaneamente ou arpejadas, e são classificados quanto à sonoridade, quantidade de notas e posição:

Sonoridade – Podem ser Consonantes (Perfeitos Maiores e menores formados por intervalos Consonantes) ou Dissonantes (contêm um ou mais intervalos Dissonantes).

Quantidade de notas – Tríades ou Acordes de Três Sons (dois intervalos de terça sobrepostos); Tétrades ou Acordes de Quatro Sons (três terças sobrepostas – entra a 7ª); Tétrades com Terças Sobrepostas ou Acordes com mais de Quatro Sons (além de três terças sobrepostas – entram a 9ª, 11ª e 13ª). Os acordes podem ter uma ou mais notas dobradas (oitavadas), contudo, na classificação, as dobras são descartadas.

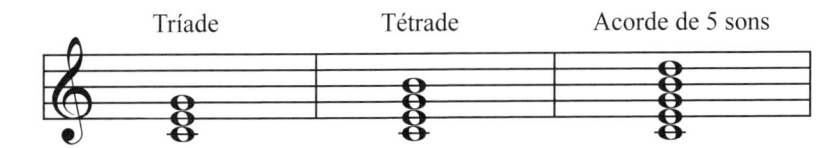

Posição – Estado Fundamental (E.F. – inicia na tônica) ou Invertida (1ª Inversão – inicia na segunda nota; 2ª Inversão – inicia na terceira nota; 3ª Inversão – inicia na quarta nota). As posições são detalhadas na Lição 53.

Questionário

1. Como são formadas as escalas e onde são originados os acordes?
2. Em uma sequência do I ao V, quais graus formam a tríade maior e menor?
3. Quais são as sequências de intervalos do modo maior e menor?
4. Dependendo da quantidade de notas, que tipos de acordes podem ser formados?

LIÇÃO 42

Cifragem de acordes

Cifragem é o agrupamento de símbolos que indica as notas e as alterações dos acordes de acompanhamento. As cifras são representadas por letras de imprensa, como a seguir:

A	B	C	D	E	F	G
Lá	Si	Dó	Ré	Mi	Fá	Sol

Nos acordes maiores não é necessário escrever "M" após a letra da cifra. Por exemplo, a cifra C indica o acorde de Dó Maior (formado pelas notas Dó-Mi-Sol). Quando o acorde for menor, anota-se "m" logo após a letra da cifra. Por exemplo, Cm indica o acorde de Dó menor (notas Dó-Mi♭-Sol):

Nos acordes de quatro sons (tétrades), a quarta nota deve ser incluída logo após a letra da cifra. Por exemplo: C7 corresponde ao acorde de Dó Sétima (notas Dó-Mi-Sol-Si♭), e Cm7 ao de Dó menor Sétima (notas Dó-Mi♭-Sol-Si♭).

Se a quinta de uma tríade for alterada, a alteração é anotada entre parênteses, logo após a cifra. Por exemplo, C(♯5) é a cifra correta do acorde de Dó Maior com Quinta Aumentada (notas Dó-Mi-Sol♯). Nos acordes com mais de quatro sons, os complementos (sufixos) à direita da letra da cifra podem ser escritos na vertical ou na horizontal. O exemplo abaixo mostra o acorde de Dó Sétima com Nona Menor e Décima Primeira Aumentada (notas Dó-Mi-Sol-Si♭-Ré♭-Fá♯) cifrado nas duas formas:

$$C7\left(\begin{array}{c}\sharp 11\\ \flat 9\end{array}\right) \quad \text{ou} \quad C7(\flat 9\ \sharp 11)$$

Quando o baixo toca uma nota diferente da fundamental do acorde, usam-se cifras alternadas. Por exemplo, C/E indica que o acorde é Dó Maior com baixo em Mi.

Observações: As cifras não são padronizadas. Por exemplo, o acorde de Dó Maior com Quinta Aumentada pode aparecer em diferentes partituras como: C(♯5), C+, C5+, Caug, etc. As cifragens ideais assim como as alternativas estão detalhadas no livro "Dicionário de Acordes para Piano e Teclados".

Há, também, a cifragem original do período barroco, utilizada na música erudita, na qual são anotados números sob as notas do baixo, para indicar a formação e a posição dos acordes. Esta forma pode ser pesquisada em livros de harmonia tradicional.

Questionário

1. O que é cifragem?
2. Como são representadas as cifras?
3. Quando é necessário anotar "m" após a letra da cifra?
4. Quando são usadas as cifras alternadas?
5. A que acordes correspondem as cifras C7, Cm7, C(♯5), C/E?

LIÇÃO 43

Formação das escalas e tríades maiores

As escalas maiores das demais tonalidades são formadas a partir da escala modelo Dó Maior, separando-a em dois grupos de quatro notas. Esse agrupamento denomina-se tetracorde. Os tetracordes do modo maior possuem intervalos de T-T-St e o que os separa é um intervalo de tom. As tríades maiores são formadas pelos graus I, III e V da escala maior, ou seja, pelos intervalos de 3ª Maior e 5ª Justa.

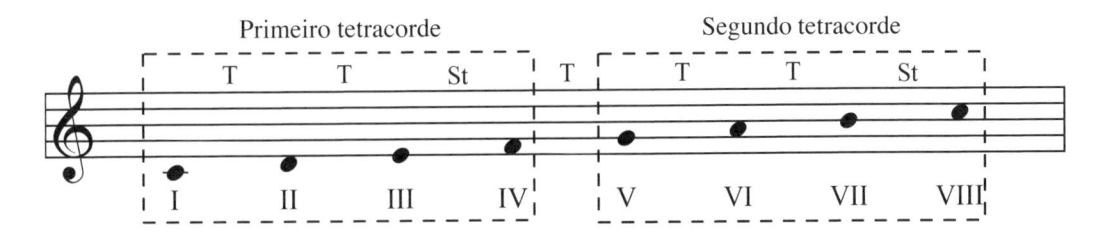

Transformando o segundo tetracorde em primeiro, surge uma nova escala maior na qual a tônica é a nota Sol. Completando os demais graus, é formada a escala de Sol Maior. Logo observa-se que é necessário inserir um sustenido no VII (nota Fá) para que haja um semitom entre o VII e o VIII:

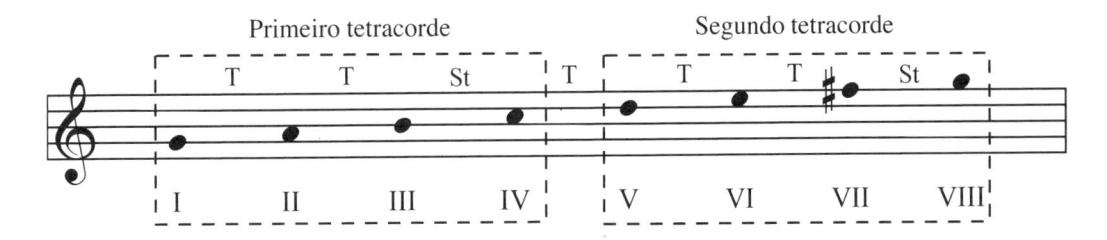

Na continuidade, cada nova tonalidade exige mais um sustenido. Por exemplo, transformando o segundo tetracorde de Sol Maior no primeiro de uma nova escala, surge a de Ré Maior que precisa de uma alteração ascendente no VII. Logo, Ré Maior fica com dois sustenidos (Fá♯ e Dó♯).

Armadura de clave

É o agrupamento das alterações de cada tonalidade. A armadura aparece no início de cada pauta, logo após a clave. Assim, as notas da música passam a ter as respectivas alterações constantes da armadura. A armadura de clave da escala de Ré Maior, por exemplo, é como a seguir:

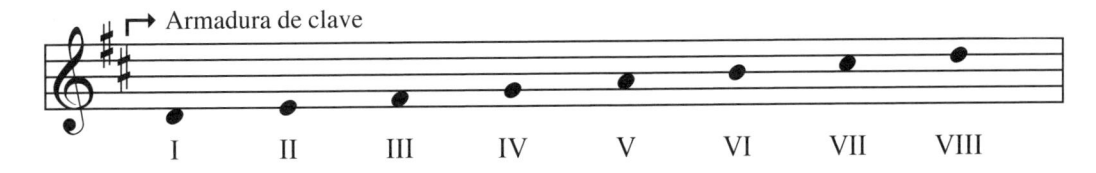

As armaduras de clave das escalas maiores de sustenido são:

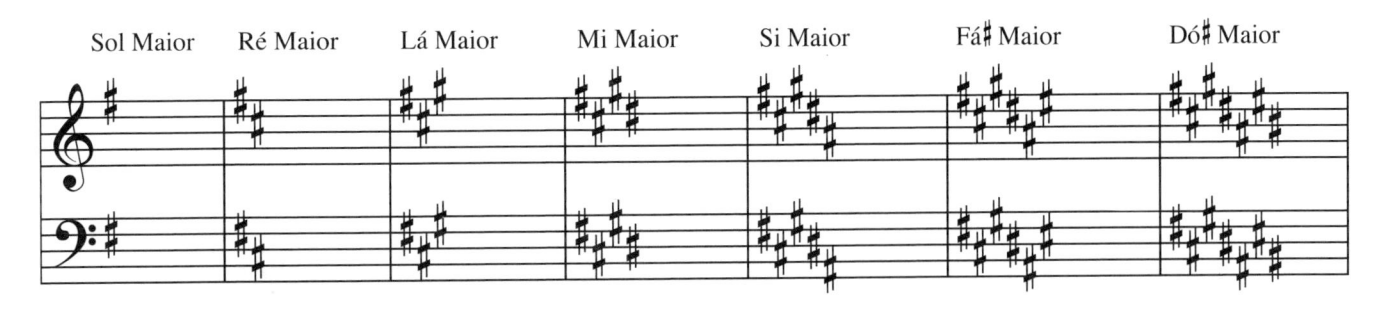

Sol Maior   Ré Maior   Lá Maior   Mi Maior   Si Maior   Fá♯ Maior   Dó♯ Maior

Escalas maiores com sustenido e suas tríades

Seguindo o processo de substituição de tetracordes, a partir de Dó Maior constrói-se sete escalas de sustenidos e, tocando os graus I, III e V, formam-se as tríades maiores ou acordes Perfeitos Maiores que possuem a 5ª Justa. Nos compassos à direita das escalas, as tríades estão com as alterações escritas, para facilitar:

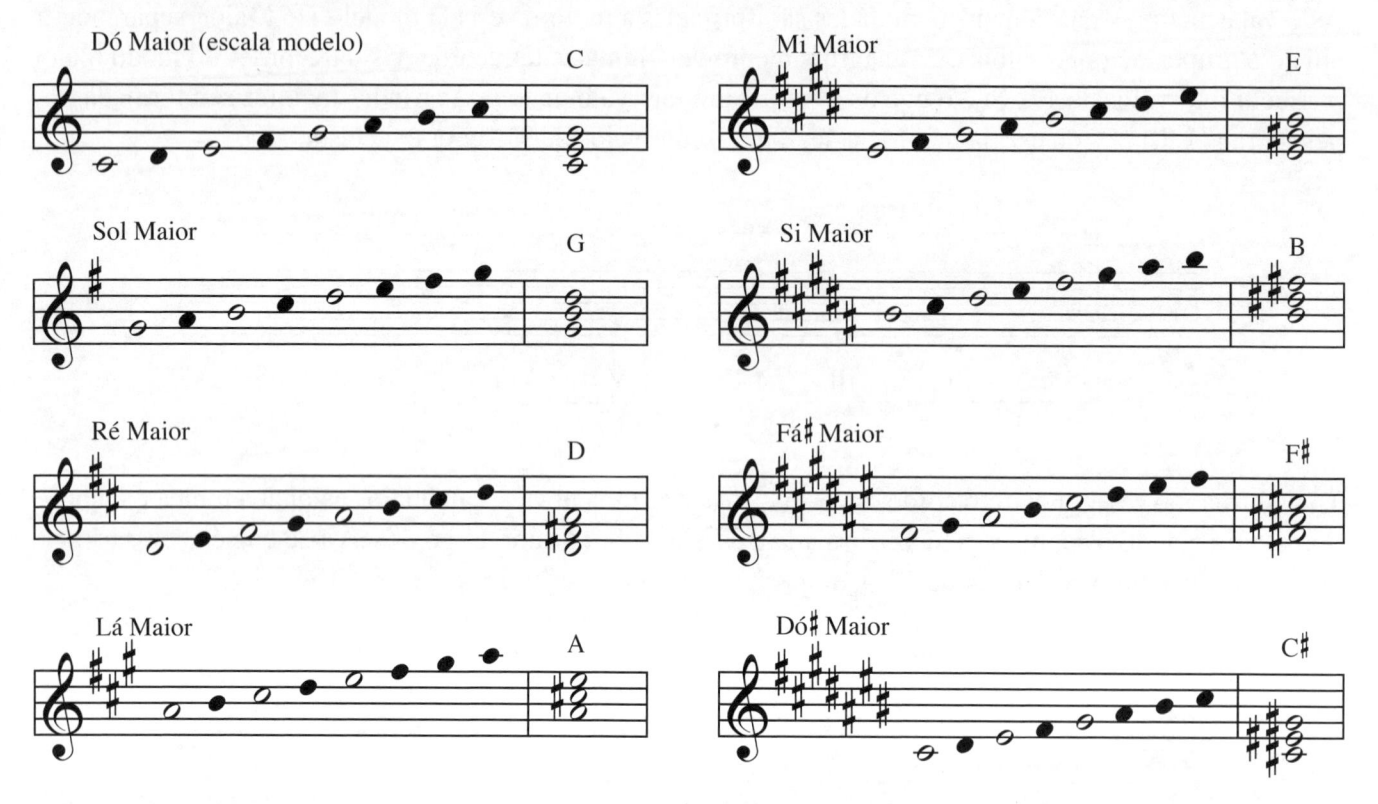

Dó Maior (escala modelo) — C

Sol Maior — G

Ré Maior — D

Lá Maior — A

Mi Maior — E

Si Maior — B

Fá# Maior — F#

Dó# Maior — C#

Observações: Para memorizar a ordem dos sete sustenidos da armadura, grava-se o primeiro (Fá) e, em seguida, acrescenta-se uma 5ª acima, em cada sustenido. Logo, a ordem fica: Fá-Dó-Sol-Ré-Lá-Mi-Si. Para achar a escala correspondente à armadura, soma-se uma nota ao último sustenido que aparece. Se a armadura possui, por exemplo, os sustenidos Fá-Dó-Sol, soma-se uma nota ao Sol e acha-se a escala de Lá Maior.

Escalas maiores com bemol e suas tríades

Para demonstrar como se inicia o ciclo das escalas maiores com bemol, divide-se novamente a escala modelo Dó Maior em dois tetracordes:

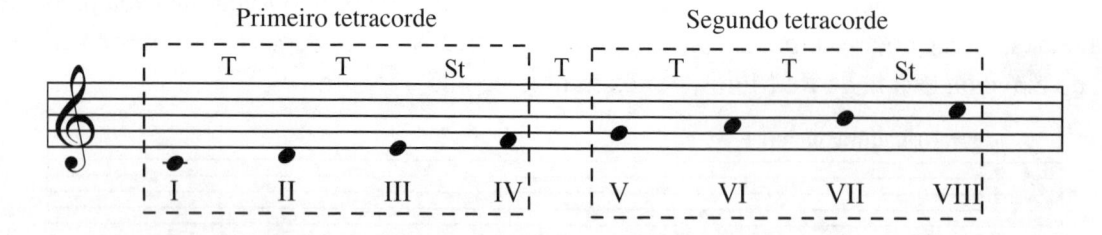

Primeiro tetracorde: T T St — I II III IV
Segundo tetracorde: T T T St — V VI VII VIII

A primeira escala maior de bemol é formada passando-se o primeiro tetracorde da escala de Dó Maior para o segundo lugar de uma nova escala e completando-se quatro notas para baixo. Logo, é criada a escala de Fá Maior. Como o intervalo do III para o IV deve ser de semitom, aplica-se um bemol no IV (nota Si♭).

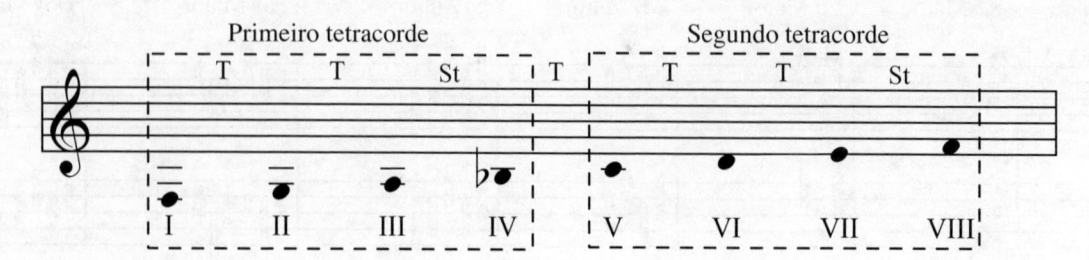

Primeiro tetracorde: T T St — I II III IV
Segundo tetracorde: T T T St — V VI VII VIII

Cada nova tonalidade deste ciclo exige mais um bemol. Por exemplo, transformando o primeiro tetracorde de Fá Maior no segundo de uma nova escala, surge a de Si♭ Maior que precisa de um bemol no IV para que haja um semitom do III para o IV. Logo, Si♭ Maior terá dois bemóis (Si♭ e Mi♭).

As armaduras de clave das escalas maiores de bemol são como a seguir:

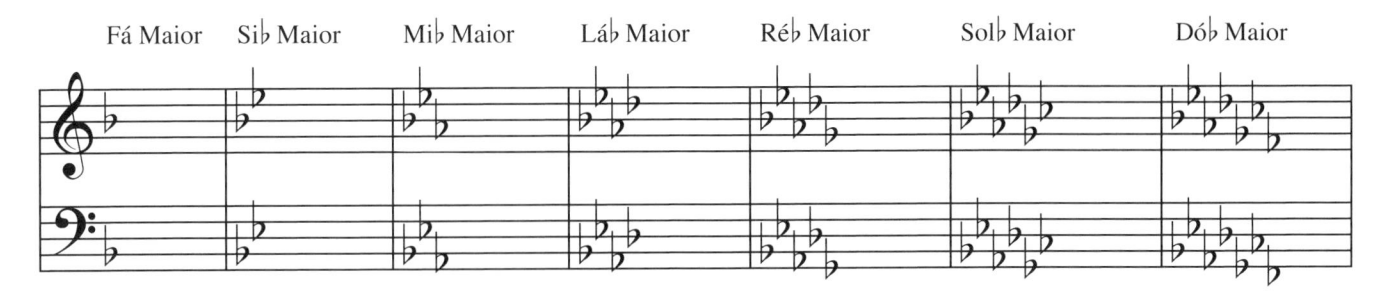

Continuando as substituições dos tetracordes, a partir da escala modelo de Dó Maior, constrói-se sete escalas de bemóis e, tocando os graus I, III e V, cria-se as tríades maiores (notas brancas) correspondentes, em outras tonalidades. Nos compassos à direita das escalas, os acordes estão com as alterações escritas:

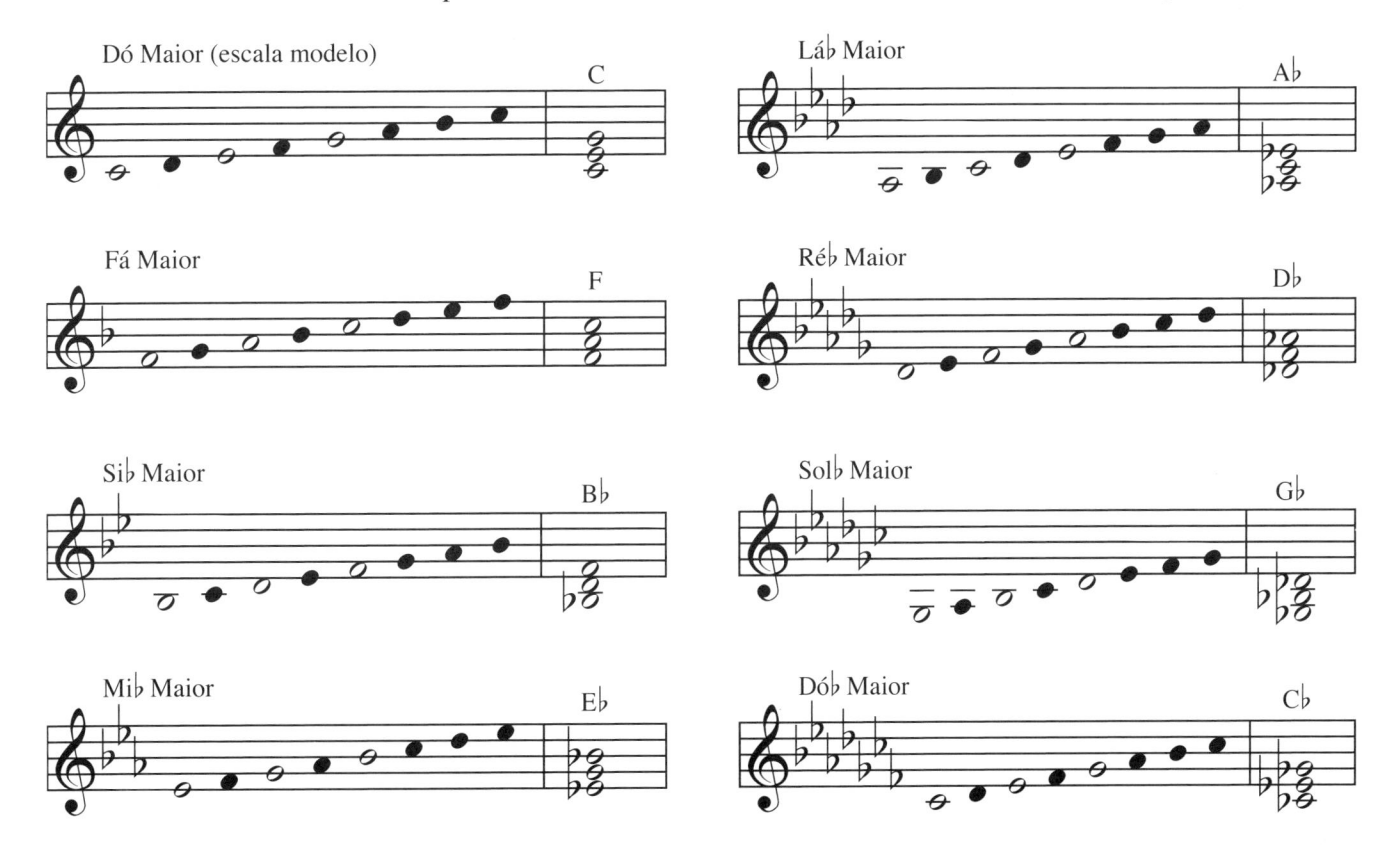

Observações: Para memorizar a ordem dos sete bemóis da armadura, grava-se o primeiro (Si) e acrescenta-se uma 5ª abaixo em cada bemol subseqüente. Logo, a ordem fica: Si-Mi-Lá-Ré-Sol-Dó-Fá. Para achar a escala correspondente à armadura, visualiza-se o penúltimo bemol da lista, o qual sugere a tonalidade. Por exemplo, se a armadura possui os bemóis Si-Mi-Lá, o penúltimo bemol é o Mi, logo, a escala é Mi♭ Maior.

Intervalos da escala maior

A disposição dos intervalos da escala maior é: T-T-St-T-T-T-St. Logo, os intervalos existentes em relação à tônica são: 2ª Maior, 3ª Maior, 4ª Justa, 5ª Justa, 6ª Maior, 7ª Maior e 8ª Justa, como mostra o seguinte exemplo em Dó Maior:

Conclui-se que as escalas Maiores são quinze: Dó (modelo); sete escalas com sustenidos (Sol, Ré, Lá, Mi, Si, Fá#, Dó#); sete escalas com bemóis (Fá, Si♭, Mi♭, Lá♭, Ré♭, Sol♭, Dó♭). Como observado, as escalas possuem uma progressão de quintas ascendentes ou descendentes a partir da escala modelo (Dó Maior). Esta progressão é demonstrada pelo Ciclo das Quintas, detalhado na próxima lição.

Exercício 1 - Escreva as armaduras, escalas, tríades e cifras pedidas, como no modelo:

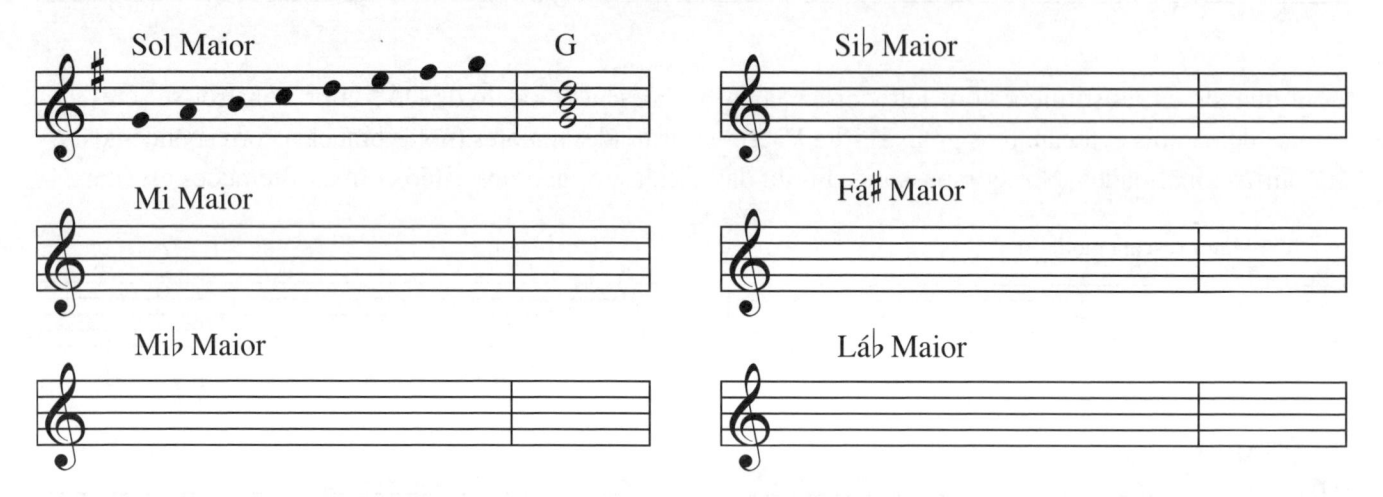

Sol Maior — G

Si♭ Maior

Mi Maior

Fá# Maior

Mi♭ Maior

Lá♭ Maior

Exercício 2 – Anote em quais escalas maiores são encontrados os graus pedidos, como no modelo:

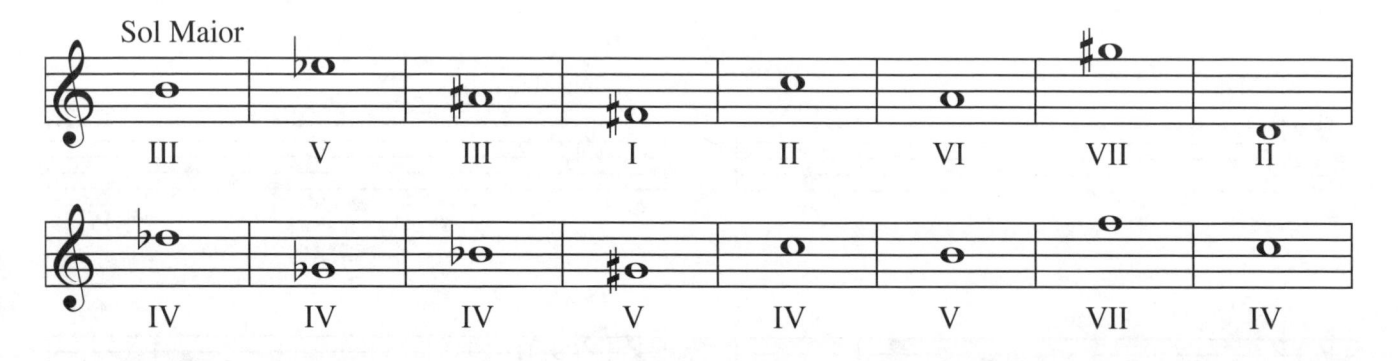

Sol Maior

III   V   III   I   II   VI   VII   II

IV   IV   IV   V   IV   V   VII   IV

Questionário

1. Como são formadas as escalas maiores nas diversas tonalidades?
2. O que é tetracorde?
3. Quais são os dois intervalos que formam a tríade maior?
4. Para que é necessário inserir um sustenido no VII de cada nova escala maior de sustenido?
5. O que é armadura de clave?
6. No acorde Perfeito Maior a quinta é justa, aumentada ou diminuta?
7. Qual é a ordem dos sustenidos na armadura de clave?
8. Como é formada a primeira escala maior de bemol?
9. Que alteração se aplica no IV de uma nova escala maior de bemol?
10. Qual é a ordem dos bemóis na armadura de clave?
11. Quais são os intervalos existentes em relação à tônica nas escalas maiores?
12. Quantas são as escalas maiores?

LIÇÃO 44

Ciclo das quintas

É um diagrama em forma de círculo, utilizado para demonstrar a progressão das escalas e suas respectivas armaduras de clave.

O ciclo das quintas engloba a escala modelo de Dó Maior, as sete escalas maiores que usam sustenido (Sol, Ré, Lá, Mi, Si, Fá♯, Dó♯) e as sete de bemol (Fá, Si♭, Mi♭, Lá♭, Ré♭, Sol♭, Dó♭). Assim, são demonstrados os quinze tons maiores com suas respectivas alterações.

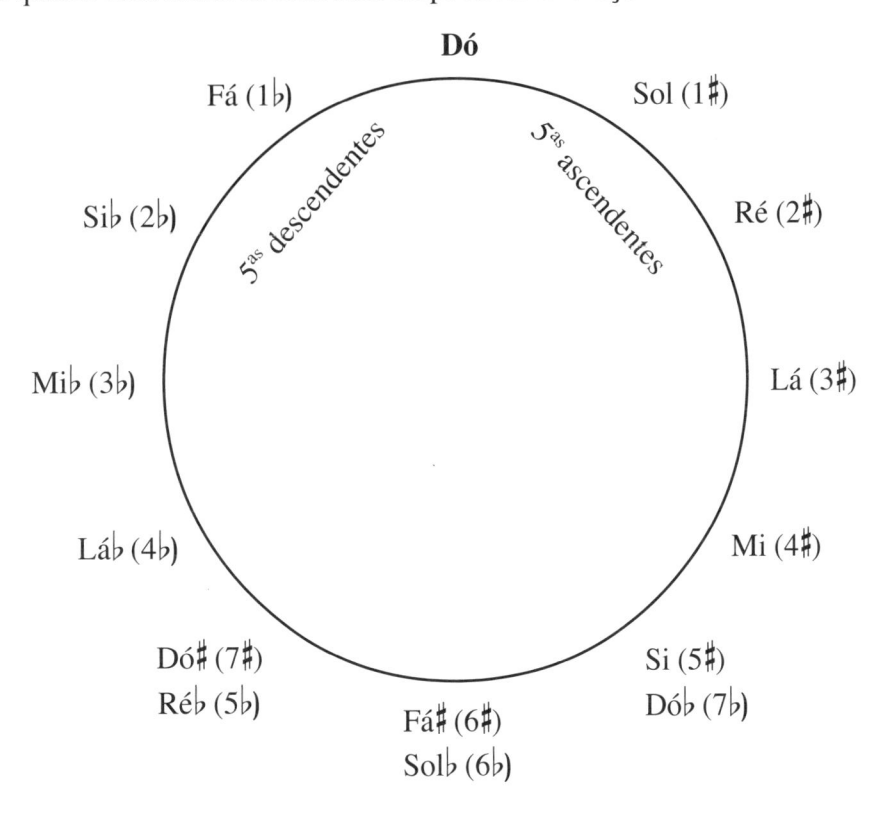

```
                    Dó
        Fá (1♭)            Sol (1♯)
                5ᵃˢ    5ᵃˢ
              descendentes ascendentes
    Si♭ (2♭)                    Ré (2♯)


    Mi♭ (3♭)                    Lá (3♯)


    Lá♭ (4♭)                    Mi (4♯)


        Dó♯ (7♯)            Si (5♯)
        Ré♭ (5♭)            Dó♭ (7♭)
                  Fá♯ (6♯)
                  Sol♭ (6♭)
```

Este círculo pode ser utilizado, também, para achar o número de sustenidos e de bemóis das escalas menores de sustenido e de bemol. Para tal, basta diminuir uma 3ª menor de cada tonalidade maior para achar o tom relativo, conforme detalhado na Lição 47.

Observação: Além das sete tonalidades maiores de sustenido e de bemol, outras poderiam ser formadas pelo processo de substituição de tetracordes. Contudo, seria necessário incluir acidentes dobrados em alguns graus das escalas para que a seqüência dos intervalos fosse mantida. Por exemplo, após a escala de Dó♯ Maior surgiria a de Sol♯ Maior com seis sustenidos e um dobrado sustenido (Fá), e a de Ré♯ Maior com seis sustenidos e dois dobrados sustenidos (Fá e Dó). Na prática, estas escalas são substituídas pelas suas enarmônicas Lá♭ Maior e Mi♭ Maior, respectivamente.

Questionário

1. O que é o ciclo das quintas?
2. Quantas são as escalas maiores de sustenido?
3. Quais são as escalas maiores de sustenido?
4. Quantas são as escalas maiores de bemol?
5. Quais são as escalas maiores de bemol?
6. O ciclo das quintas também pode servir para as escalas menores?

LIÇÃO 45

Tríade aumentada, diminuta, com 4ª e com 2ª

Outras tríades podem ser formadas alterando-se ou substituindo-se alguns graus das escalas. Todos os tipos possíveis de acordes, inversões e cifragens encontram-se detalhados no livro "Dicionário de Acordes para Piano e Teclados". Aqui, esses acordes são abordados com exemplo em C (Dó).

Tríade aumentada – É formada elevando-se em um semitom o V (quinto grau) da tríade maior. Assim a 5ª passa a ser aumentada. Em relação à tônica, a tríade aumentada possui 3ªM e 5ªaum. A nomenclatura correta é Dó Maior com Quinta Aumentada:

Tríade diminuta – É formada abaixando-se em um semitom o V da tríade menor. Assim a 5ª passa para diminuta. Em relação à tônica, a tríade diminuta possui 3ªm e 5ªdim. A nomenclatura correta é Dó Diminuto:

Tríade com quarta – Substituindo-se a 3ª pela 4ª justa é criada a tríade com quarta. Em relação à tônica, possui 4ªJ e 5ªJ. Na tríade de C, em vez da 3ª (Mi), toca-se o IV da escala (Fá). Denomina-se Dó com Quarta ou Dó com Quarta Suspensa:

Tríade com segunda – É formada substituindo-se o III pelo II. Em C, ao invés de Mi, toca-se o Ré. Em relação à tônica, há uma 2ªM e 5ªJ. Denomina-se Dó Dois:

Observação: Nas tríades de (♯5), se a 5ª já tiver sustenido, passará para dobrado sustenido. Nas tríades de (♭5), se a 5ª já tiver bemol, passará para dobrado bemol.

Cifragem ideal	Cifragens opcionais
(♯5)	5+, +, aum
dim	m(♭5), m5-
4	sus4, sus
2	(add2 no 3rd)

Exercício – Escreva na pauta as seguintes tríades, como no modelo:

D(♯5)   E dim   E(♯5)   D4   G2   F dim   G(♯5)   E♭(♯5)

Questionário

1. Como é formada a tríade aumentada?
2. Como é formada a tríade diminuta?
3. Como é formada a tríade com quarta?
4. Como é formada a tríade com segunda?
5. Qual é a cifragem ideal dessas quatro tríades?

LIÇÃO 46

Polirritmia

Polirritmia é a sobreposição de ritmos diferentes. Pelo enfoque tradicional, ocorre em composições que envolvem a polifonia e o contraponto (combinação de duas ou mais linhas melódicas simultâneas que estabelecem a perspectiva horizontal da música). Em um sentido mais amplo, pode ocorrer entre uma simples melodia e um acompanhamento harmônico ou, mesmo, entre as duas pautas de uma partitura de piano que envolva, inclusive, acordes. A polirritimia com ritmos homogêneos possui subdivisões iguais:

Com ritmos heterogêneos as subdivisões são diferentes mas mantêm a mesma pulsação. Os exemplos a seguir são os mais comuns e, inclusive, muito encontrados na música brasileira:

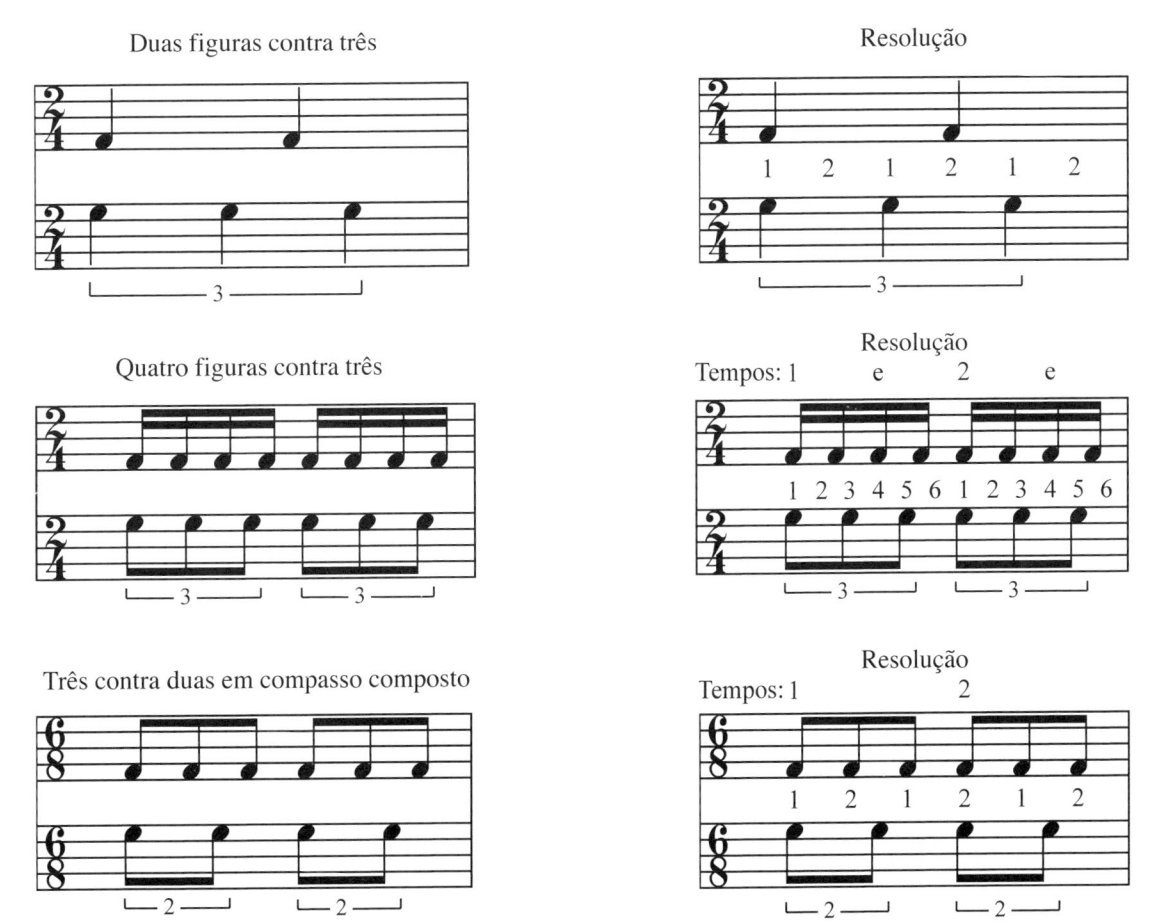

Duas figuras contra três

Resolução

Quatro figuras contra três

Resolução

Três contra duas em compasso composto

Resolução

Exercício – Estudar os exemplos dados com o metrônomo em andamento lento. A mão direita executa as divisões das pautas de cima enquanto a esquerda toca as de baixo. Em seguida, inverter as execuções.

Questionário

1. O que é polirritmia?
2. Pode haver polirritmia entre as duas pautas na escrita para piano?
3. Quais são as polirritmias mais comuns com ritmos heterogêneos?

LIÇÃO 47

Formação das escalas e tríades menores

As escalas menores são originadas a partir das maiores e têm três formas: natural, harmônica e melódica. A harmônica e a melódica precisam de ajustes para se adequarem ao sistema tonal no qual a sensível (VII) pede resolução na tônica. A principal característica dessas escalas é o intervalo de 3ª menor entre o I e o III.

As tríades menores são formadas pelos graus I, III e V da escala menor ou seja, pela tônica, 3ª menor e 5ª justa. A terça da tríade menor possui a diferença de um semitom em relação à Maior.

Escala menor natural

É originada a partir da nota encontrada uma 3ª menor abaixo (ou 6ª Maior acima) da tônica da escala relativa maior. Cada escala maior possui sua relativa menor (e vice-versa) com a mesma armadura de clave. Por exemplo, a escala de Dó Maior que não possui sustenidos ou bemóis gera a de Lá menor:

A escala de Lá menor é encontrada uma 3ª menor abaixo da escala de Dó Maior. Esta é escala modelo de Lá menor natural ou a forma primitiva de Lá menor que não possui sustenidos ou bemóis:

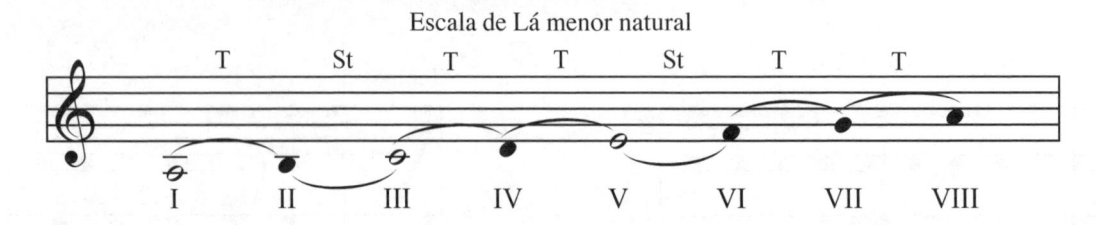

Os semitons encontram-se do II para o III e do V para o VI. O intervalo entre o VII e o VIII é de tom e, conseqüentemente, o VII fica descaracterizado pois sua função deve ser de atração em relação ao VIII, de acordo com o sistema tonal. Neste caso, o VII é subtônica.

Escala menor harmônica

Na escala menor harmônica o VII é elevado em um semitom para caracterizar a função de atração do VII (sensível) para o VIII. Ao aplicar essa alteração é criado um intervalo de T+St (2ª aumentada) entre o VI e o VII, que proporciona uma sonoridade exótica. Do IV para o VII o intervalo é de três tons (trítono). Os semitons aparecem do II para o III, do V para o VI e do VII para o VIII.

Outra forma é criada diminuindo-se o intervalo entre o VI e VII (2ª aumentada), como a seguir.

Escala menor melódica

É uma escala peculiar pois sobe e desce de formas diferentes. Na ascendente, o VI e VII são elevados em um semitom em relação à escala natural. Na descendente, possui as mesmas características da menor natural. Já que na descida, o VIII não faz intervalo de semitom com o VII, cessa a atração do VII e, por conseguinte, este grau tem característica de subtônica.

Em relação à tônica, na ascendente, o VI e VII formam intervalos de 6ªM e 7ªM, respectivamente. Na descendente, formam 7ªm e 6ªm. Na ascendente os semitons são do II para o III e do VII para o VIII.

Escala de Lá menor melódica

Observações: Como o VI na subida tem alteração ascendente e na descida a nota é a da armadura, este grau é considerado modal Variável. Já que o III não recebe nenhuma alteração em qualquer tipo de escala menor, o mesmo é considerado modal Invariável.

Na improvisação jazzística, a menor melódica é executada somente com as notas da ascendente. Nesta forma, a escala é denominada "bachiana", por ter sido comumente utilizada por Johann Sebastian Bach.

Armadura de clave dos tons relativos

Nas três formas de escala menor, as armaduras de clave são idênticas às das respectivas relativas maiores, tanto de sustenido quanto de bemol:

Armaduras com sustenido

Armaduras com bemol

A seguir, são apresentadas as escalas menor harmônica e melódica em todos os tons. A natural é a própria descendente da melódica.

Escalas menores com sustenido e suas tríades

Para formar as escalas menores nas demais tonalidades, aplica-se o mesmo método de substituição de tetracordes descrito para as maiores. Contudo, há uma forma mais prática: faz-se a relação de 3ª menor a partir da escala maior e forma-se, primeiramente, a escala menor natural. Para construir a menor harmônica, eleva-se o VII da natural em um semitom. Para formar a menor melódica na ascendente, eleva-se o VI e VII graus em um semitom e na descendente usa-se a própria menor natural.

As tríades menores são formadas pelos graus I, III e V. Como o intervalo entre I e o V é de 5ª justa, a tríade menor é classificada como acorde Perfeito menor.

Escalas menores com bemol e suas tríades

Para formar estas escalas, o processo é idêntico ao descrito para as menores com sustenido. Nos três casos, a armadura de clave é igual à da escala relativa maior, sendo que agora trata-se das escalas com bemol:

Menor harmônica com bemol

Menor melódica com bemol

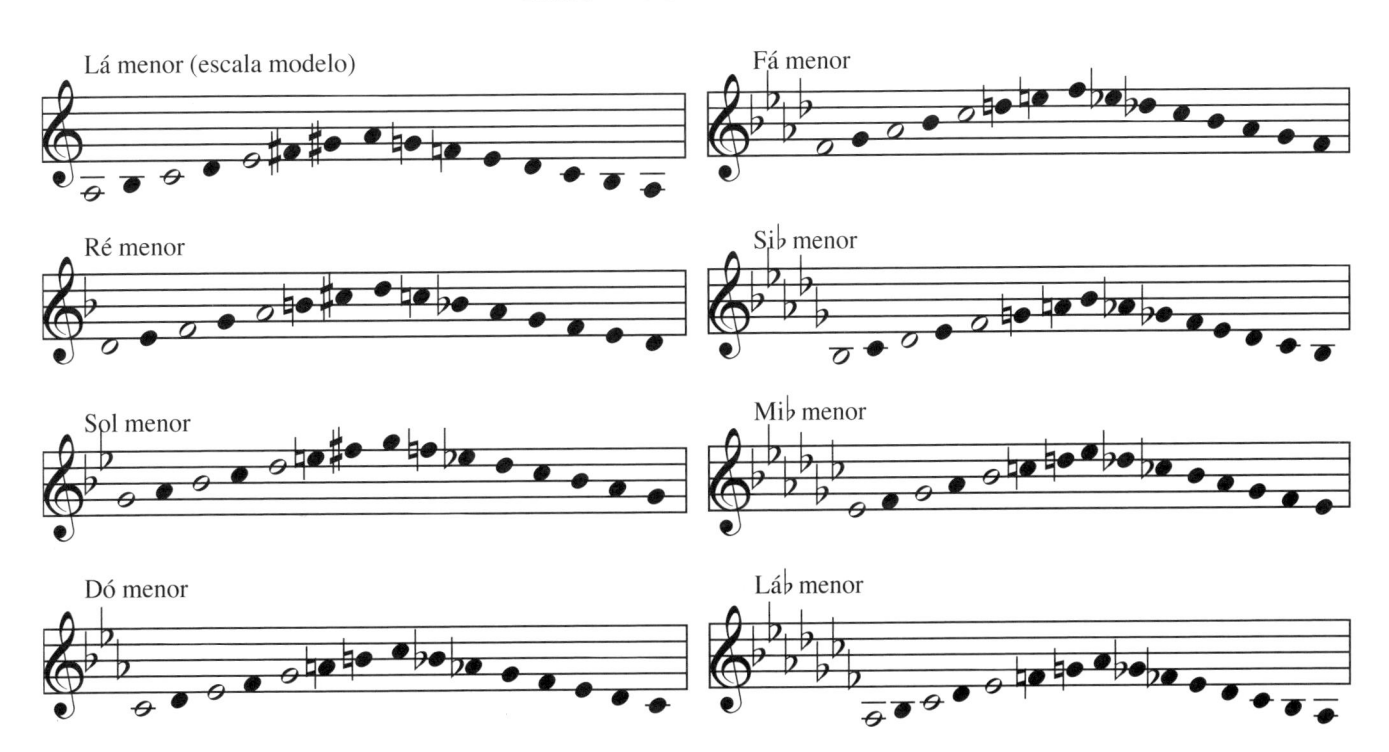

Intervalos das escalas menores

Estes são os intervalos existentes, em relação à tônica, nas três formas de escala menor, tomando como exemplo a escala modelo Lá menor.

Menor natural – Os intervalos que compõem esta escala são: T-St-T-T-St-T-T. As distâncias de cada grau, em relação à tônica são: 2ª Maior, 3ªmenor, 4ª Justa, 5ª Justa, 6ª menor, 7ª menor e 8ª Justa.

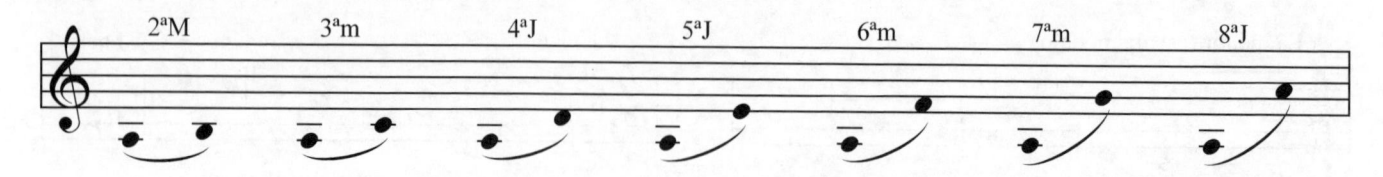

Menor harmônica – Os intervalos são: T-St-T-T-St-T+St-St. As distâncias de cada grau, em relação à tônica são: 2ª Maior, 3ªmenor, 4ª Justa, 5ª Justa, 6ª menor, 7ª Maior e 8ª Justa.

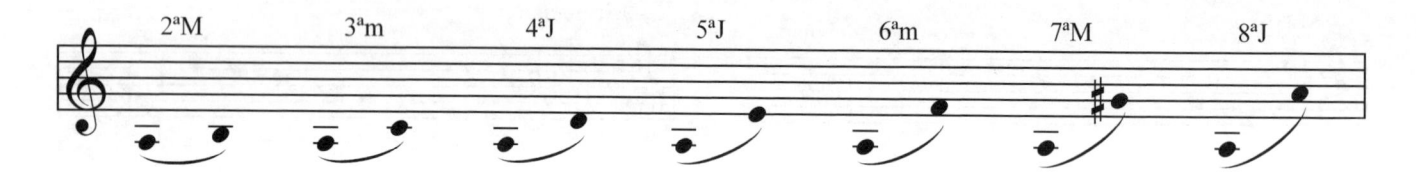

Menor melódica – Na ascendente, os intervalos são: T-St-T-T-T-T-St. Na descendente são iguais aos da escala menor natural. As distâncias de cada grau em relação à tônica, na ascendente, são: 2ª Maior, 3ªmenor, 4ª Justa, 5ª Justa, 6ª Maior, 7ª Maior e 8ª Justa.

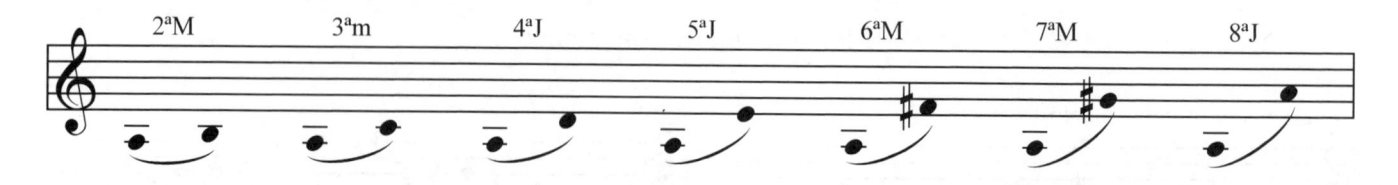

Observação: Assim foram concluídas as 15 escalas do modo maior e as 15 do menor, totalizando as 30 escalas mais utilizadas que compõem o sistema tonal. Além destas há, ainda, a maior harmônica (escala maior com o VI abaixado em um semitom) que é pouco usada.

Exercício 1 – Anote em quais escalas menores são encontrados os graus pedidos, conforme os dois modelos:

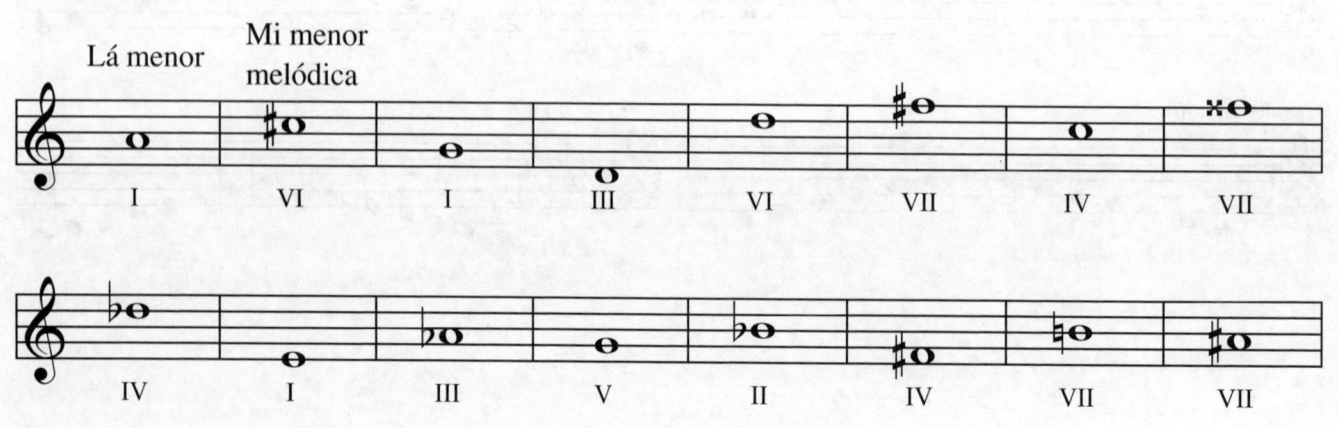

Exercício 2 – Escreva as armaduras de clave, escalas menores, tríades e cifras pedidas, como nos dois modelos:

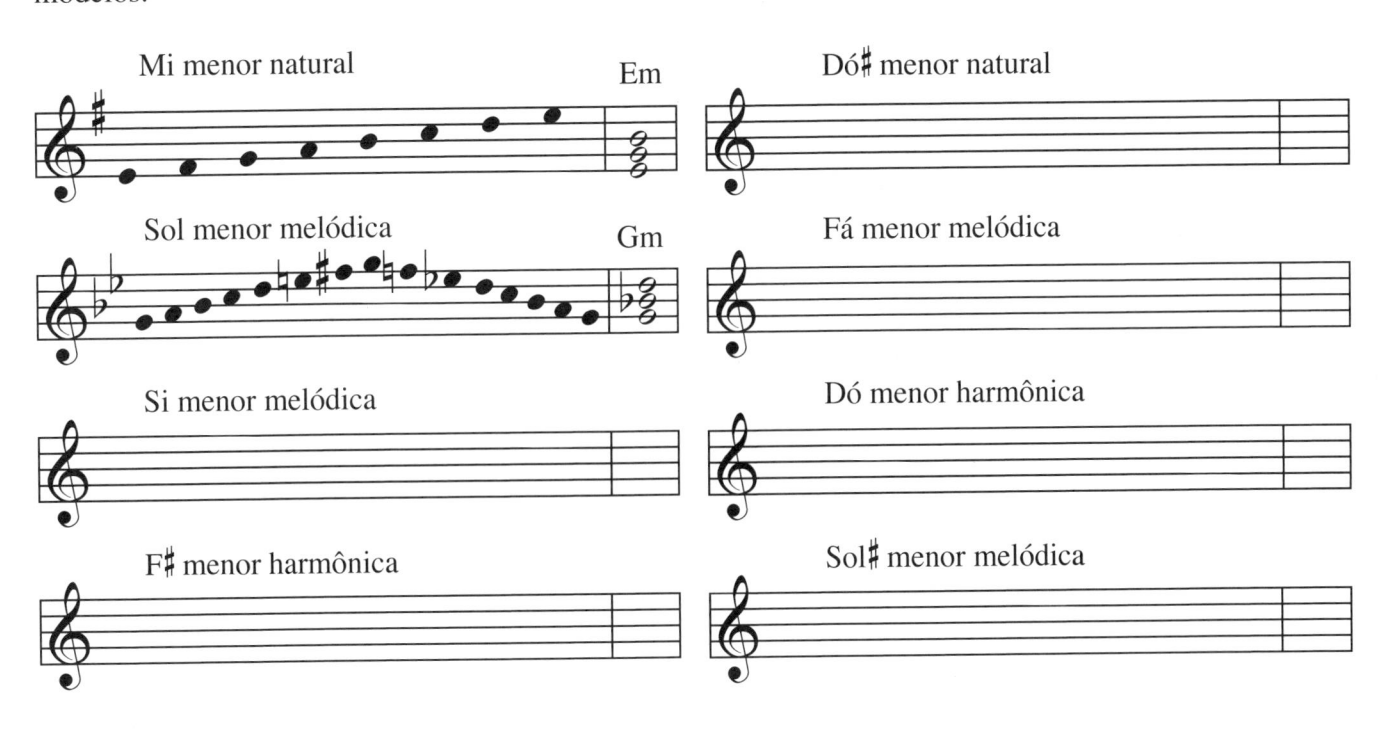

Mi menor natural — Em

Sol menor melódica — Gm

Si menor melódica

F♯ menor harmônica

Dó♯ menor natural

Fá menor melódica

Dó menor harmônica

Sol♯ menor melódica

Exercício 3 – Marque os semitons, trítonos e VII no exercício anterior.

Questionário

1. Como são originadas as escalas menores?
2. Quais são as três formas de escala menor?
3. O que ocorre com a sensível no sistema tonal?
4. Como são formadas as tríades menores?
5. Como é originada a escala menor natural?
6. Existe diferença de armadura de clave entre uma escala maior e sua relativa menor?
7. Como é encontrada a relativa menor de uma escala maior?
8. Qual é a escala modelo do modo menor?
9. Entre quais graus encontram-se os semitons na menor natural?
10. O que faz com que a sensível fique descaracterizada na menor natural?
11. Na escala menor harmônica, o que ocorre com o VII?
12. O que é trítono?
13. Entre quais graus encontram-se os semitons na menor harmônica?
14. Qual a peculiaridade da escala menor melódica?
15. O que ocorre com o VI e VII na ascendente da menor melódica?
16. A descendente da menor melódica possui as características de qual escala?
17. Entre quais graus encontram-se os semitons na menor melódica ascendente?
18. Como é o processo para formar as escalas menores nas demais tonalidades?
19. No acorde perfeito menor, a quinta é justa, aumentada ou diminuta?
20. Qual é a seqüência de intervalos de cada forma da escala menor?
21. Qual a distância dos graus em relação à tônica em cada forma da escala menor?
22. Qual é o número total de escalas mais utilizadas que compõem o sistema tonal?

LIÇÃO 48

Tons relativos, homônimos e vizinhos

São os tons que mantêm correspondência direta ou proximidade com uma tonalidade principal. Os tons (ou escalas) podem ser Relativos, Homônimos e Vizinhos.

Tons relativos – Como descrito na Lição 47, toda escala maior possui uma relativa menor e vice-versa. Já que a tônica da escala define seu tom, considera-se, também, esta relação associada à tonalidade. Logo, tons e escalas relativas são os que guardam a diferença de uma 3ª menor entre si e possuem a mesma armadura de clave. Por exemplo, o tom de Dó Maior possui como relativo o de Lá menor; o Mi menor é relativo de Sol Maior, e assim por diante.

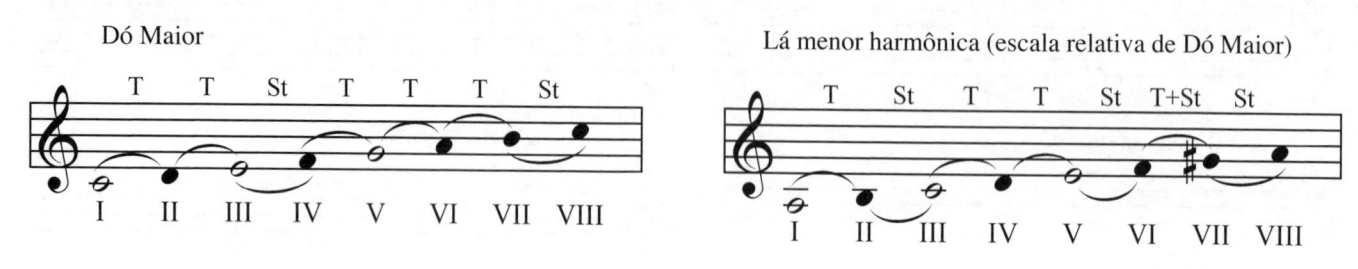

Tons homônimos – São os que possuem a mesma tônica mas pertencem a modos diferentes. Os tons homônimos têm armadura de clave com diferença de três alterações: Dó Maior não tem alterações e seu homônimo Dó menor possui três bemóis. A escala de Fá Maior possui um bemol e sua homônima Fá menor tem quatro bemóis:

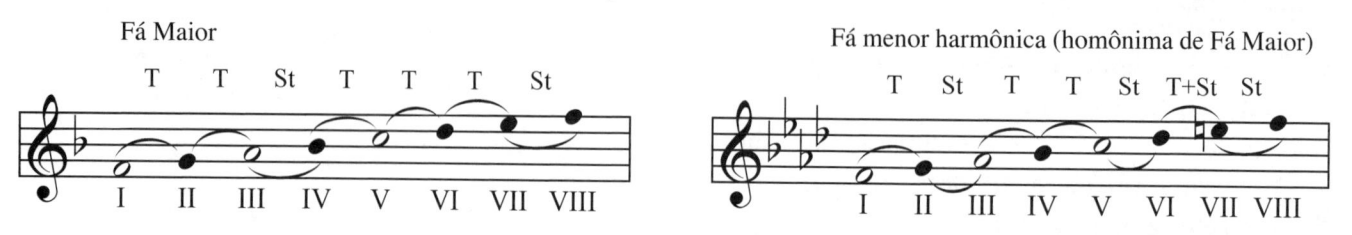

Tons vizinhos – São os que têm armadura igual (relativos) e os que apresentam diferença de um acidente (a mais ou a menos) em relação ao tom principal. O tom relativo, assim como os tons da dominante (V) e da subdominante (IV), são vizinhos Diretos. Os relativos da dominante e da subdominante do tom principal são Indiretos. Por exemplo, Lá Maior tem três sustenidos, logo, seus vizinhos Diretos são Fá# menor (armadura igual), Mi Maior (quatro sustenidos) e Ré Maior (dois sustenidos). O Indiretos são os relativos dos Diretos: Dó# menor (quatro sustenidos) e Si menor (dois sustenidos).

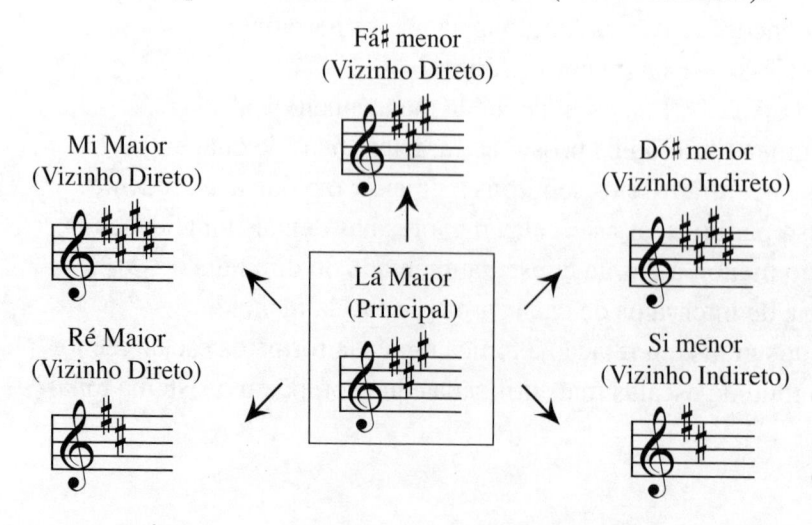

O procedimento para encontrar os vizinhos de um tom principal menor é idêntico ao descrito. Neste caso, os vizinhos Diretos serão menores (com exceção do relativo do principal) e os Indiretos serão maiores.

Os tons que possuem diferença de duas ou mais alterações (sustenido ou bemol) na armadura são classificados como Afastados.

Exercício 1 – Escrever a tônica, o nome e a armadura do tom relativo dos tons dados, conforme o modelo:

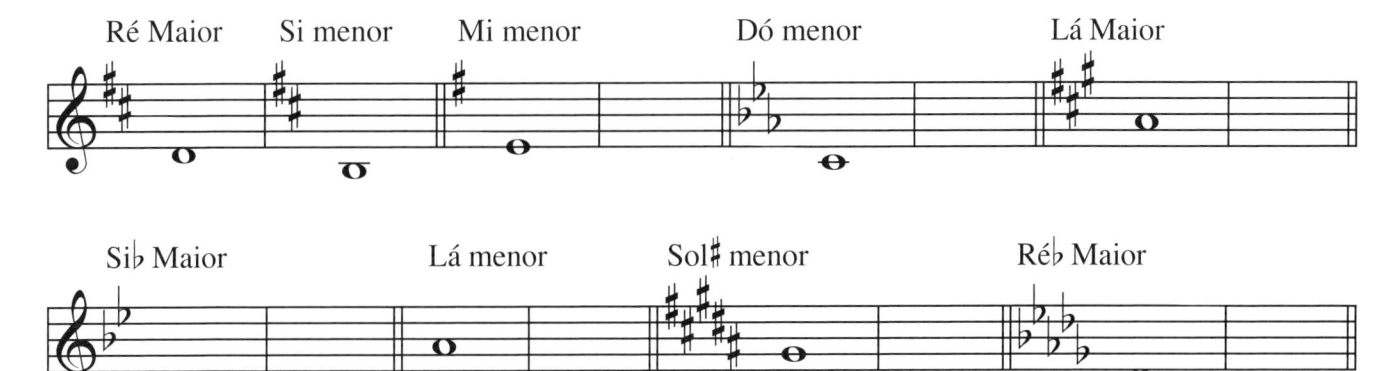

Exercício 2 – Escrever o nome dos tons homônimos ao lado, conforme o modelo:

Dó Maior – Dó menor
Ré Maior –
Si Maior –
Sol menor –
Fá# menor –

Exercício 3 – Escrever ao lado, os três tons vizinhos Diretos e os dois Indiretos, como no modelo:

Lá Maior – Fá# menor, Mi Maior, Ré Maior / Dó# menor, Si menor
Mi Maior –
Sol Maior –
Fá Maior –
Sib Maior –

Questionário

1. Qual o grau que define o tom de uma escala?
2. O que são tons e escalas relativas?
3. O que são tons homônimos?
4. Qual é a diferença numérica de alterações na armadura dos tons homônimos?
5. O que são tons vizinhos?
6. Quais são os graus dos vizinhos Diretos?
7. Quais são os vizinhos Indiretos de uma tonalidade?
8. O que são tons Afastados?

LIÇÃO 49

Enarmonia

É a relação entre duas notas diferentes as quais, no sistema temperado, possuem o mesmo som. Por exemplo, no piano, a nota Dó♯ tem a mesma altura que o Ré♭; o Si♯ soa igual ao Dó.

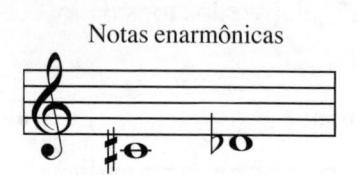

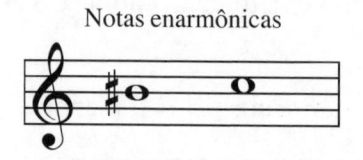

Nos intervalos, escalas e acordes, o conceito de enarmonia também se aplica. Como pode ser observado na Lição 44, na qual é demonstrado o ciclo das quintas, algumas escalas ou tonalidades e, conseqüentemente, acordes, possuem raízes (tônicas) diferentes mas o som é o mesmo. Portanto, são enarmônicas. Considerando também as escalas relativas menores, concluímos que as seguintes escalas possuem sons iguais:

Modo Maior	Modo menor
Si Maior – Dó♭ Maior	Sol♯ menor – Lá♭ menor
Fá♯ Maior – Sol♭ Maior	Ré♯ menor – Mi♭ menor
Dó♯ Maior – Ré♭ Maior	Lá♯ menor – Si♭ menor

Exemplo de escalas e acordes enarmônicos: Fá♯ Maior e Sol♭ Maior.

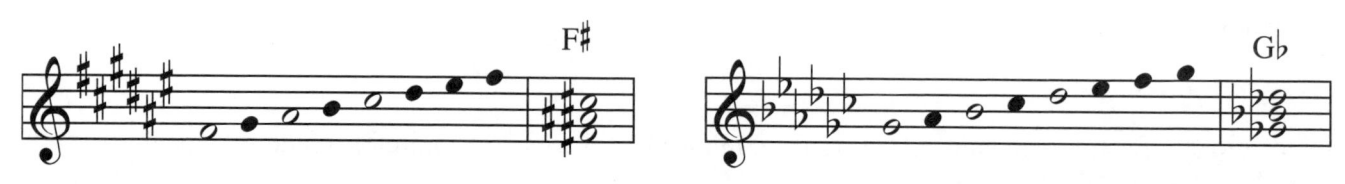

Observação: Prosseguindo além de sete sustenidos ou bemóis no ciclo das quintas, encontram-se tonalidades como Sol♯ Maior, Fá♭ Maior, etc., que possuem diversas alterações dobradas. Na prática, esses tons são substituídos na escrita musical pelos seus enarmônicos Lá♭ Maior e Mi Maior.

Questionário

1. O que é enarmonia?
2. A enarmonia também se aplica aos intervalos, escalas e acordes?
3. Segundo o ciclo das quintas, quais são as escalas enarmônicas do modo maior?
4. Segundo o ciclo das quintas, quais são as escalas enarmônicas do modo menor?

LIÇÃO 50

Escrita de *shuffle* e *swing*

É muito comum encontrar partituras estrangeiras de *shuffle*, *swing*, *jazz*, *be-bop* e *blues* escritas no compasso 4/4, com predominância de grupos de duas colcheias para cada tempo, mas que devem ser interpretadas com subdivisões ternárias (três colcheias por tempo).

Nesses gêneros musicais, a escrita de quiálteras de três colcheias (tercinas) é substituída por grupos de duas colcheias para simplificar a notação. Ao interpretar as duas colcheias, deve-se atribuir à primeira, o valor de duas subdivisões ternárias e à segunda, uma subdivisão ternária:

A escrita, conversão e interpretação desses estilos seguem os seguintes passos:

Escrita:

Conversão e interpretação:

Interpretação em *swing*, *shuffle*, etc.:

Exercício – Solfejo em *shuffle*. A interpretação correta está na pauta de baixo. Em algumas partituras, aparece, na primeira pauta, a sugestão de como devem ser interpretados os grupos de duas colcheias.

Questionário

1. Em que gêneros são encontrados grupos de duas colcheias que devem ser interpretadas com tercinas?
2. Porque as tercinas são substituídas por grupos de duas colcheias nesses gêneros musicais?
3. Na interpretação desses gêneros, quanto passa a valer a primeira colcheia?
4. Quanto passa a valer a segunda colcheia?

LIÇÃO 51

Tétrades

As tétrades ou acordes de quatro sons são formados sobrepondo-se uma terça às tríades maiores ou menores, o que origina acordes de sétima. Por exemplo, sobrepondo uma terça maior à tríade de Dó Maior, é criada a tétrade de Dó Maior com Sétima Maior. Neste caso, a terça adicionada faz um intervalo de sétima Maior em relação à tônica.

Os três intervalos de sétima (em relação à tônica) que podem ser adicionados às tríades maiores e menores são os seguintes, com exemplo a partir da fundamental Dó:

7ª Maior   7ª menor   7ª diminuta

Logo, as possibilidades de tétrades maiores e menores com sétima em Dó são:

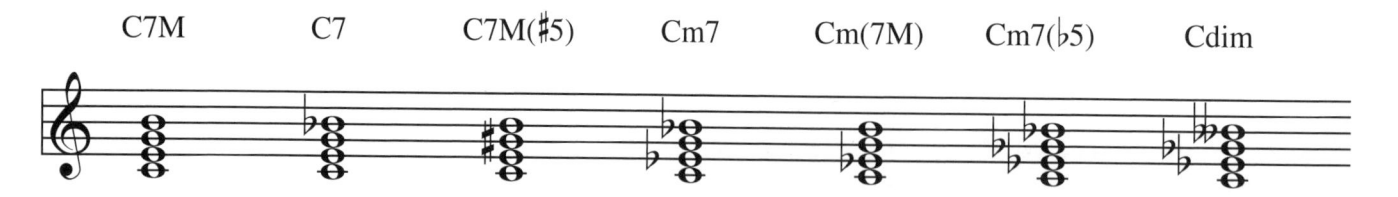

C7M   C7   C7M(♯5)   Cm7   Cm(7M)   Cm7(♭5)   Cdim

Estas cifras devem ser lidas por extenso da seguinte forma: Dó com sétima maior; Dó sétima; Dó sétima maior com quinta aumentada; Dó menor sétima; Dó menor com sétima maior; Dó menor sétima com quinta diminuta ou Dó meio diminuto; Dó diminuto ou Dó com sétima diminuta.

O 7 é o acorde dominante, encontrado no V da escala maior, no V da menor harmônica e melódica e no VII da menor natural. O m7(♭5) é o de sétima da sensível, encontrado no VII da escala maior e no II da menor natural. Os acordes formados sobre as escalas encontram-se na Lição 62.

Os seguintes cálculos podem ser feitos para se achar rapidamente as sétimas em qualquer tom: a sétima maior é a nota mais perto da oitava da tônica; a sétima menor encontra-se um tom abaixo da oitava da tônica; a sétima diminuta é a enarmônica da sexta maior da tônica.

Abaixando um tom da sétima dos acordes C7M e Cm7, são criados acordes também muito utilizados: C6 (Dó Maior com sexta) e Cm6 (Dó menor com sexta). Estes acordes são considerados como sexta agregada (adicionada) à tríade, já que a sobreposição de terças resulta na sétima.

O acorde de 6ª Maior possui, em relação à tônica, intervalos de 3ªM, 5ªJ e 6ªM. O de 6ª menor possui 3ªm, 5ªJ e 6ªM. As cifras opcionais do C6 são: C maj6, C add6.

C6   Cm6

A cifragem correta dos diversos tipos de acordes encontra-se descrita nos livros "Dicionário de Acordes para Piano e Teclados" e "Escalas para Improvisação". As cifras abaixo referem-se aos acordes com sétima aqui citados.

Cifragem ideal	Cifragens opcionais
7M	M7, maj7, △
7	7
7M(♯5)	M7+5, maj7 +5
m7	-7, mi7
m(7M)	m(M7), m(maj7)
m7(♭5)	-7(♭5), Ø
dim	°, °7, dim7

Observação: O sufixo dim (diminuto) pode ser usado tanto para a tríade diminuta como para a tétrade com 7ª diminuta.

Exercício 1 – Forme os intervalos, como no modelo:

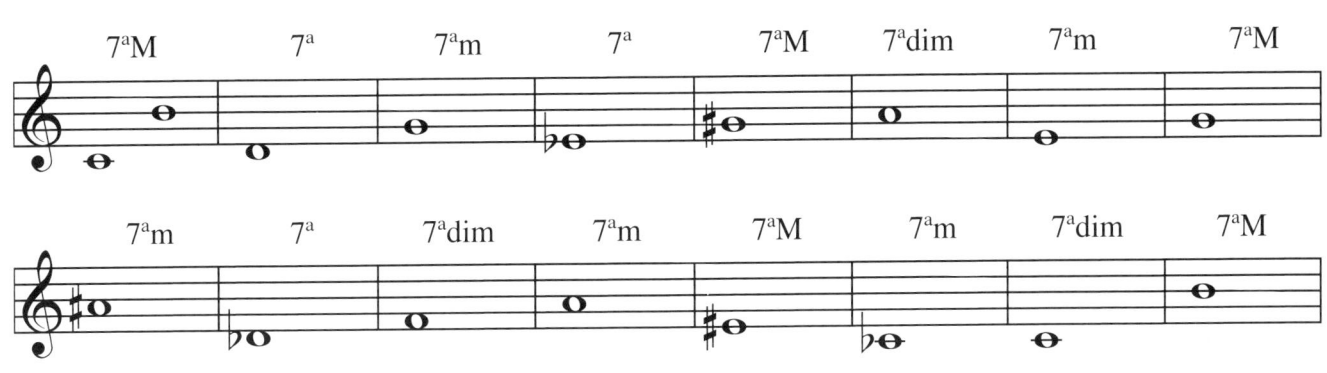

Exercício 2 – Escreva as seguintes tétrades, como no modelo:

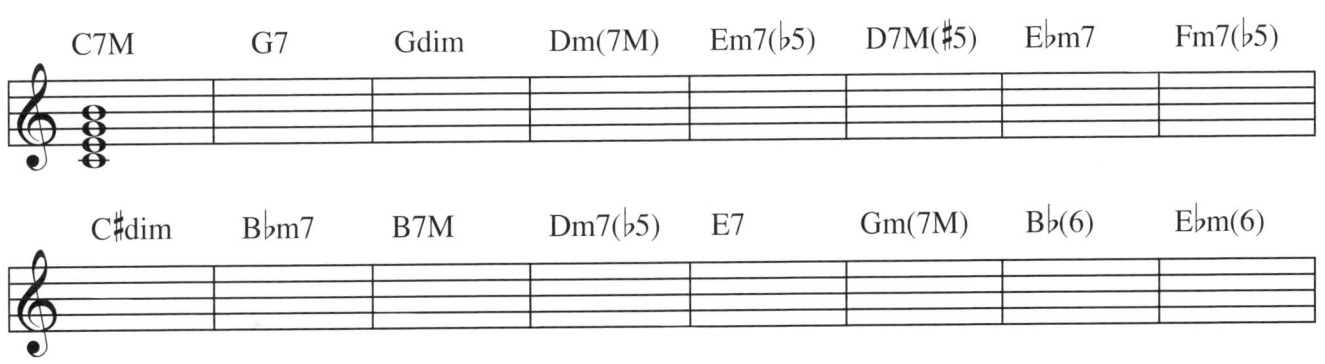

Questionário

1. Como são formadas as tétrades?
2. Uma terça sobreposta a uma tríade faz que intervalo com a tônica?
3. Quais são os três intervalos de sétima (em relação à tônica) que podem ser adicionados às tríades?
4. Quais são as tétrades possíveis de se formar?
5. Quais são os cálculos para se achar rapidamente a sétima maior, menor e diminuta?
6. Os acordes de sexta são considerados como sexta agregada?

LIÇÃO 52

Acordes com mais de quatro sons

Sobrepondo-se uma terça às tétrades, são criados os acordes de cinco sons, ou seja, acordes de nona, como mostram os seguintes exemplos em Dó:

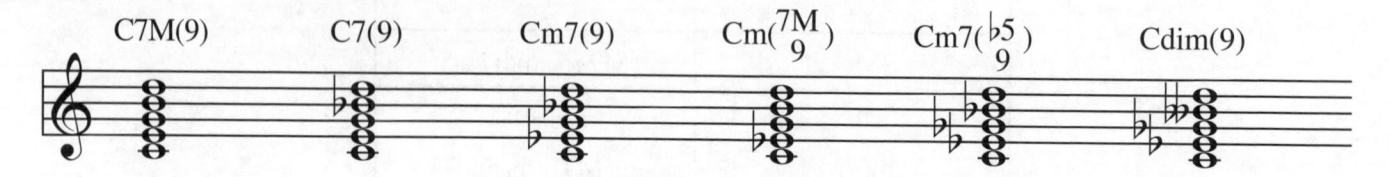

A nomenclatura correta desses acordes é: Dó com sétima maior e nona; Dó sétima e nona; Dó menor sétima e nona; Dó menor sétima maior e nona; Dó menor sétima com quinta diminuta e nona ou Dó menor meio diminuto com nona; Dó diminuto com nona.

Abaixando ou elevando a nona do acorde de 7(9), são formadas duas variações de acordes dominantes muito utilizadas, cujas nomenclaturas são: Dó sétima com nona menor e Dó sétima com nona aumentada:

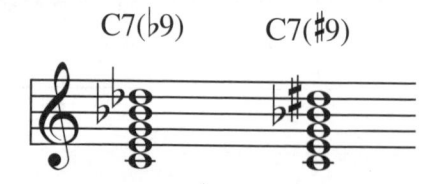

Outras terças podem ser sobrepostas além da nona. Assim são formados os acordes com décima primeira e décima terceira, ou seja: 7(9 11) e 7(9 11 13). Ao se alterar ascendente ou descendentemente essas sobreposições, mais combinações são alcançadas: 7(9 #11), 7(b9 #11), 7 (b9 #11 13), etc.

O acorde está na posição Primitiva quando é escrito com todas as terças sobrepostas. Esta disposição proporciona uma forma de analisar o acorde facilmente.

Na prática, ao criar harmonizações, as notas dos acordes são reorganizadas espaçadamente e mesmo algumas são omitidas (geralmente a quinta), ou seja, desconsidera-se a rigidez das terças sobrepostas que produzem, inclusive, uma sonoridade muitas vezes desagradável em decorrência da soma dos harmônicos de cada terça.

Quando algumas sobreposições intermediárias são suprimidas, o acorde continua com a mesma característica (função). Por exemplo, em um acorde 7M(9), a 7ª pode ser suprimida e a 9ª tocada uma oitava abaixo. Com a 9ª entre a tônica e a 3ª, é formada uma posição de sonoridade peculiar do acorde de 9ª adicionada (add9):

Novos acordes dominantes podem ser formados substituindo-se a terça pela quarta (acordes de quarta suspensa com sétima e nona). Estes acordes podem ser cifrados, tanto a partir da tônica quanto da forma alternada, isolando-se o baixo do bloco do acorde:

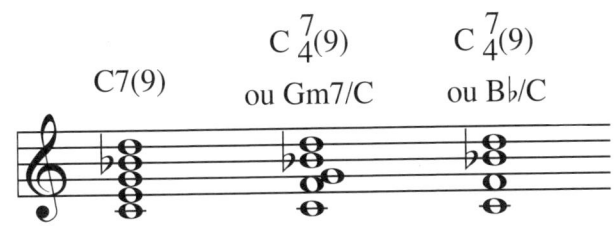

C7(9)   C$\frac{7}{4}$(9) ou Gm7/C   C$\frac{7}{4}$(9) ou B♭/C

As cifragens dos acordes mencionados aparecem de diversas formas, como a seguir:

Cifragem ideal	Cifragens opcionais
7M(9)	M7 9, maj7(9)
7(9)	9
m7(9)	-7(9), m7 9
m(7M 9)	m(maj7 9)
m7(♭5 9)	-7(♭5 9), Ø9
dim(9)	°9

Observações: Ao acorde de sexta agregada pode-se acrescentar a nona, para formar os acordes de sexta (maior ou menor) e nona. Há, ainda, os acordes de quartas sobrepostas, que proporcionam sonoridades especiais e abertas.

Exercício – Escreva os seguintes acordes, como no modelo:

C7M(9)   G7(9)   G7(♭9)   Dm(7M 9)   Em7(♭5 9)   D7M(♯5 9)   E♭m7(9)   D(add9)

C♯7(♯9)   B♭m7(9)   B7M(9)   Dm7(♭5 9)   E7(9)   Gm(7M 9)   E♭7M(♯5 9)   A♭m(7M 9)

Questionário

1. Como é formado o acorde de cinco sons?
2. Quais são os acordes formados sobrepondo-se mais uma terça à tétrade, partindo da nota Dó?
3. Como são formados os acordes de nona menor e nona aumentada?
4. O que ocorre quando se sobrepõe mais terças além da nona?
5. A décima primeira e a décima terceira também podem ser alteradas?
6. Quando o acorde está na posição Primitiva?
7. Como é formado o acorde de add9?
8. Qual a forma alternativa de cifragem dos acordes de sétima com quarta suspensa?
9. Como é formado o acorde de sexta e nona?
10. É possível formar acordes com quartas sobrepostas?

LIÇÃO 53

Inversão de acordes

Inverter um acorde consiste em passar sua nota inferior para uma oitava acima (tríades e tétrades). Ao inverter um acorde, as notas continuam sendo as mesmas, mas dispostas em localizações diferentes.

Inversão de tríades – As tríades possuem três posições: Estado Fundamental – EF (terças sobrepostas); Primeira Inversão (começa na segunda nota – 3ª do acorde); Segunda Inversão (começa na terceira nota – 5ª do acorde). Exemplo em Dó Maior (C):

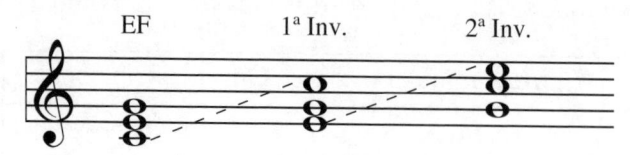

Inversão de tétrades – As tétrades possuem quatro posições: Estado Fundamental – EF (terças sobrepostas); Primeira Inversão (começa na segunda nota – 3ª do acorde); Segunda Inversão (começa na terceira nota – 5ª do acorde); Terceira Inversão (começa na quarta nota – 7ª do acorde). Exemplo em Dó Maior com Sétima Maior (C7M):

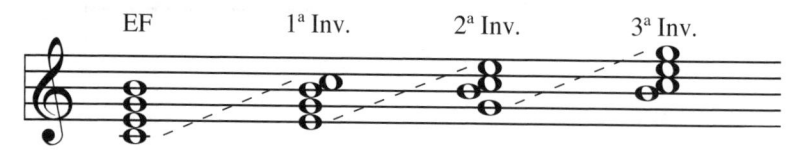

Inversão de acordes de cinco sons – A característica dos acordes de cinco sons é o intervalo de nona criado entre a fundamental e a última nota. Teoricamente, a menor distância entre essas notas deve ser de nove graus. Logo, não é possível seguir a ordem natural das inversões e a Quarta Inversão é impraticável. Assim, o acorde de cinco sons possui quatro posições: Estado Fundamental – EF (terças sobrepostas); Primeira Inversão (começa na 3ª do acorde); Segunda Inversão (começa na 5ª do acorde); Terceira Inversão (começa na 7ª do acorde). Exemplo com Sol Sétima e Nona, ou seja, G7(9):

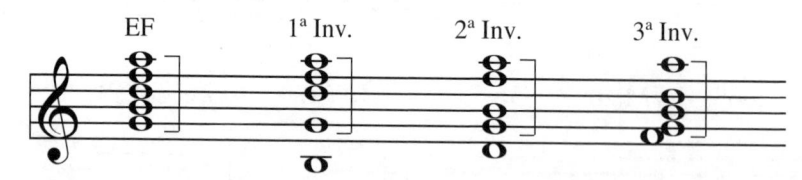

Para classificar e cifrar corretamente um acorde escrito (com notas), procura-se seu Estado Fundamental e reorganiza-se suas terças de forma que fiquem sobrepostas (fundamental, 3ª, 5ª, 7ª, 9ª, 11ª, 13ª).

Na música popular, as cifras indicam apenas as notas dos acordes, ou seja, não especificam as posições. Ao tocar em conjunto, os músicos dos instrumentos de harmonia devem escolher as posições evitando saltos entre os acordes da cadência harmônica. Enquanto o baixista executa a nota fundamental, o pianista e o guitarrista podem tocar qualquer posição mas, preferencialmente, as inversões (exemplo em C):

Baixo na fundamental

Quando houver uma cifra alternada, o baixista toca a nota do baixo e os demais podem executar qualquer posição (pauta esquerda). O baixo pode "caminhar" enquanto conserva-se a mesma posição (pauta direita). Na execução de piano solo, o pianista toca os baixos e os acordes com técnica de saltos. Exemplos em C:

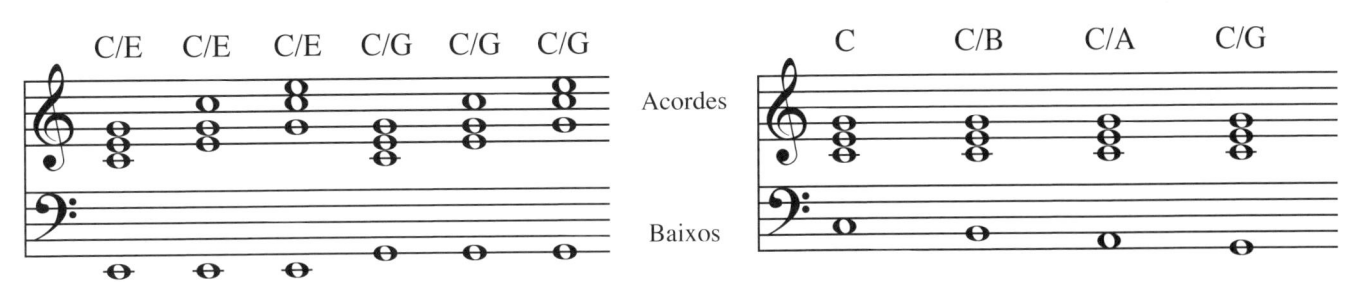

Na cifragem tradicional de música erudita, as notas dos acordes são determinadas por números aplicados sob um baixo dado (escrito). Os números indicam os intervalos entre o baixo (a nota mais grave) e as outras notas. As posições e os dobramentos são estabelecidos pelas normas da harmonia tradicional que podem ser pesquisadas em livros específicos. Um baixo sem numeração ou com o número 5 indica um acorde de quinta no Estado Fundamental; com o número 6, o acorde está na Primeira Inversão (acorde de sexta); com os números 4 e 6 está na Segunda Inversão (acorde de quarta e sexta), como mostram os seguintes exemplos em Dó Maior:

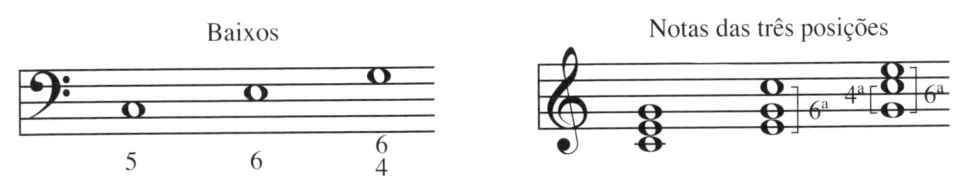

Exercício – Cifrar da forma popular e escrever as inversões, como nos três primeiros compassos:

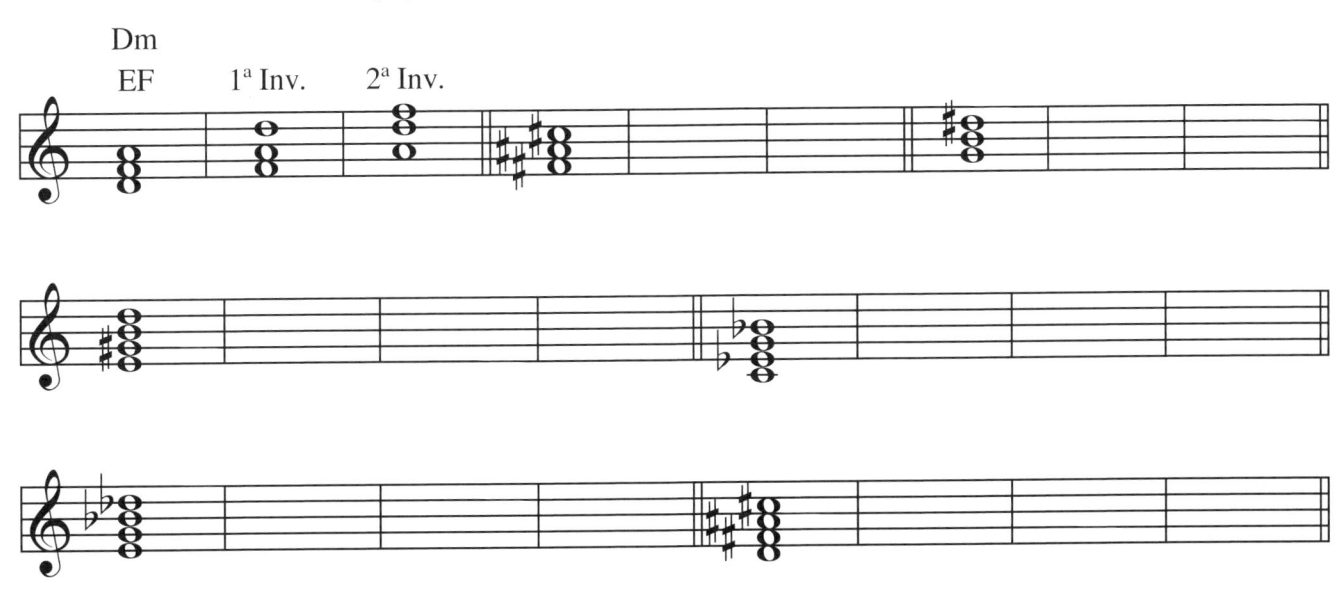

Questionário

1. O que é inverter um acorde?
2. Quais são as três posições da tríade?
3. A segunda inversão de uma tríade começa em que nota?
4. A terceira inversão de uma tétrade começa em que nota?
5. Qual é o procedimento para classificar e cifrar um acorde escrito com notas?
6. Nas cifras utilizadas em música popular, as posições são especificadas?
7. Ao tocar em conjunto (com baixista), o pianista pode executar qualquer posição?
8. Na cifragem tradicional de música erudita, o que determina as notas dos acordes?

LIÇÃO 54

Posicionamento das notas do acorde

As notas dos acordes podem ser dispostas na ordem Direta ou Indireta. Na Direta, as notas são sobrepostas sem interrupções na formação, mesmo nos acordes invertidos. As posições podem ser Unidas (Fechadas) ou Afastadas (Abertas). São Unidas quando conservam os menores intervalos possíveis. Exemplo em Dó Maior:

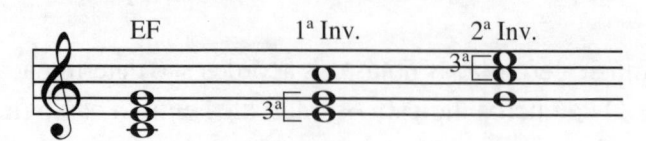

Na ordem Indireta, as notas não seguem a sucessão primitiva, e na posição Afastada, os intervalos ultrapassam a terça. A combinação destas duas propriedades (ordem Indireta e posição Afastada) produz sonoridades mais agradáveis, tanto em arranjos de naipes quanto na execução de instrumentos de harmonia. As posições Afastadas se aplicam, também, aos acordes de quatro ou mais sons:

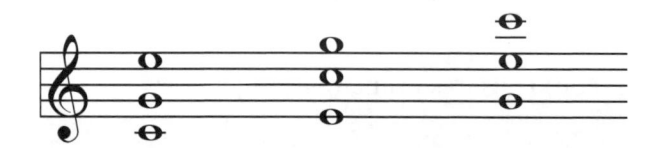

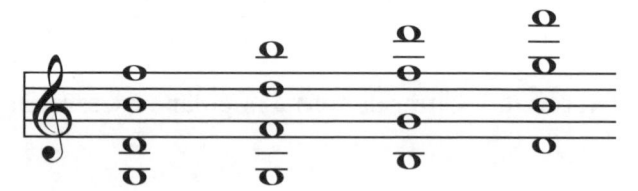

Exercício – Passar os acordes da ordem Direta e posição Unida, para a ordem Indireta e posições Afastadas, conforme o modelo:

Questionário

1. Qual é a característica da ordem Direta?
2. Qual é a característica da posição Unida?
3. Qual é a característica da ordem Indireta?
4. Qual é a característica da posição Afastada?
5. A ordem Indireta com posição Afastada produz a melhor sonoridade?

LIÇÃO 55

Compassos irregulares, mistos e alternados

Compassos Irregulares são os que agregam dois ou mais compassos simples de subdivisões adversas. As fórmulas de compasso mais comuns são as que possuem número superior 5, 7, 11 e 13 e inferior 4 e 8.

O 5/4 (cinco por quatro) corresponde, geralmente, a uma combinação de 3/4 + 2/4 ou de 2/4 + 3/4, embora possa ser acentuado somente no primeiro tempo. A Unidade de Tempo do 5/4 é a semínima e, como não há uma figura que represente a Unidade de Compasso, são usadas figuras ligadas como Unidade de Som que, neste caso, é uma mínima pontuada ligada à uma mínima ou vice-versa, dependendo da acentuação.

O que determina a ordem da soma dos compassos simples é a forma como os tempos são acentuados:

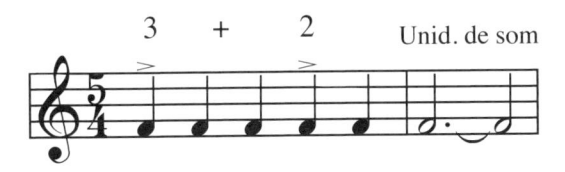

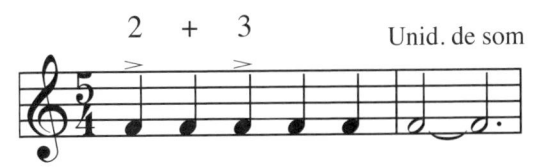

O 7/4 (sete por quatro) apresenta diversas combinações de acentuações. Contudo, as mais comuns são as que misturam um compasso de 4/4 + 3/4 ou 3/4 + 4/4. A Unidade de Tempo do 7/4 é a semínima e a Unidade de Som é a semibreve ligada a uma mínima pontuada ou vice-versa, dependendo da acentuação.

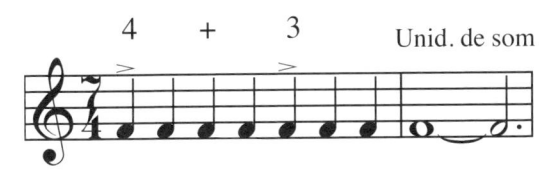

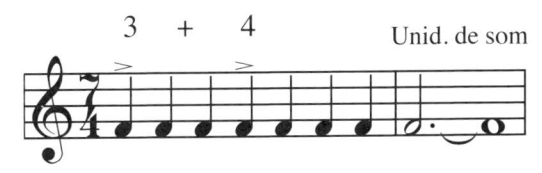

Observação: A contagem de tempos desses compassos representa a soma das contagens dos compassos simples que os formam.

Os compassos Mistos podem ser utilizados para se escrever dois ou mais instrumentos com diferentes fórmulas de compasso. São encontrados mais comumente em partituras de formação orquestral que envolvem a polirritmia. Em cada pauta, a notação pode ser feita por intermédio de diferentes fórmulas, contudo, os tempos fortes de cada compasso devem coincidir.

Os compassos Alternados podem ocorrer em determinados trechos de uma música na qual alguns compassos não possuem o número exato de tempos, determinado pela fórmula de compasso inicial. Neste caso, o intérprete deve atentar para as mudanças na contagem dos tempos.

Geralmente, é utilizada a barra dupla antes do novo compasso. Também, quando uma pauta já inicia com uma troca de compasso, utiliza-se uma fórmula de compasso de prevenção no final da pauta anterior, como mostra o seguinte exemplo:

Tempos: 1 2 3 4   1 2 3 4   1 2 3 4   1 2 3

1 2 3 4   1 2 3 4   1 2 3 4   1 2   1 2 3 4

Observação: Pode haver também, compassos Alternados com mudança do número inferior da fórmula de compasso. Por exemplo, em uma música em 2/4, pode ocorrer um trecho no compasso 3/8. Neste caso, geralmente aparece, acima da nova fórmula, o símbolo ♪ = ♪ indicando que as colcheias no 3/8 devem ser interpretadas na mesma subdivisão das colcheias do 2/4.

Exercício – Leitura rítmica no compasso Irregular 5/4. A marcação dos tempos deve ser feita com a contagem de 3 + 2:

Questionário

1. O que são compassos Irregulares?
2. Quais são os números superiores mais comuns das fórmulas de compassos Irregulares?
3. Quais são os números inferiores mais comuns das fórmulas de compassos Irregulares?
4. Quais são as duas combinações mais usadas no 5/4?
5. Qual é a Unidade de Tempo do 5/4?
6. Qual é a Unidade de Som do 5/4?
7. Quais são as combinações mais comuns do 7/4?
8. Qual é a Unidade de Som do 7/4?
9. Para que podem ser utilizados os compassos Mistos?
10. Em que casos são mais encontrados os compassos Mistos?
11. Onde podem ocorrer os compassos Alternados?

LIÇÃO 56

As demais claves

Além das claves de Sol e de Fá na quarta linha, outras são utilizadas para a notação de diferentes instrumentos, de acordo com seus alcances (tessituras). A viola, por exemplo, é escrita na clave de Dó na terceira linha. Esta clave, que engloba a região média, é também denominada clave de contralto.

Atualmente, a escrita para formação vocal utiliza somente as claves de Sol e de Fá na quarta linha mas há partituras antigas para coral com diferentes claves. As vozes femininas utilizavam as de Dó na primeira (soprano), na segunda (meio soprano) e na terceira linha (contralto). As vozes masculinas usavam as de Fá na terceira (barítono), na quarta (baixo) e Dó na quarta linha (tenor).

A clave de Sol na primeira linha foi usada para o violino durante os séculos XVI e XVII. Há, ainda, a clave de Sol na segunda linha com o número oito, para a notação de violão. O número indica que a escrita é uma oitava acima do som de efeito (real). Assim é escrita a nota Dó3 (central) em todas as claves:

A escala de Dó Maior é escrita nas claves principais (Sol na segunda, Fá na quarta e Dó na terceira linha), da seguinte forma:

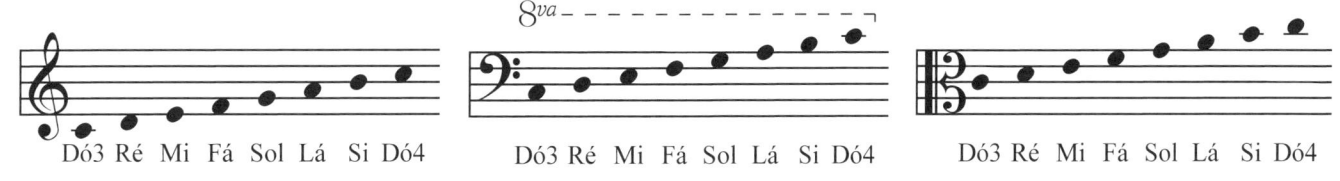

A notação da bateria é feita na clave de Fá na segunda linha ou na clave de percussão (retângulo vertical), utilizada para instrumentos sem som fixo:

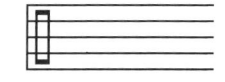

Exercício – Solfejo na clave de contralto (Dó na terceira linha). Para facilitar, pode-se ler as notas com os nomes uma nota acima do que seria na clave de Sol:

Questionário

1. Qual instrumento é escrito na clave de Dó na terceira linha?
2. Quais são as claves utilizadas atualmente para notação de coral?
3. Em que claves eram escritas as vozes masculinas e femininas?
4. Qual é a clave utilizada, geralmente, em partituras de violão?
5. Quais são todas as claves?
6. Em que claves é feita a notação da bateria?

LIÇÃO 57

Diapasão

É o instrumento acústico ou eletrônico que emite notas nas alturas perfeitas. É utilizado como referência para afinar os instrumentos musicais. Um dos mais precisos é o de metal em forma de forquilha. A maioria dos metrônomos eletrônicos emitem o som do diapasão, ou seja, a nota Lá3 na freqüência de 440Hz (ciclos por segundo). Alguns maestros e pianistas preferem a afinação de 442Hz por proporcionar uma sonoridade mais "brilhante" nos instrumentos.

Escala geral

É o conjunto das 97 notas que o ouvido humano pode perceber. Inicia no Dó-2 (o quarto Dó abaixo do Dó central) e finaliza no Dó7 (o quarto Dó acima do central). O instrumento acústico que reproduz o maior número de notas é o órgão de tubos. Na área dos instrumentos eletrônicos, o sintetizador de oscilador variável emite, inclusive, sons imperceptíveis ao ouvido humano, no grave e no agudo. A escala geral possui oito oitavas divididas em cinco regiões e o Dó3 está na região média:

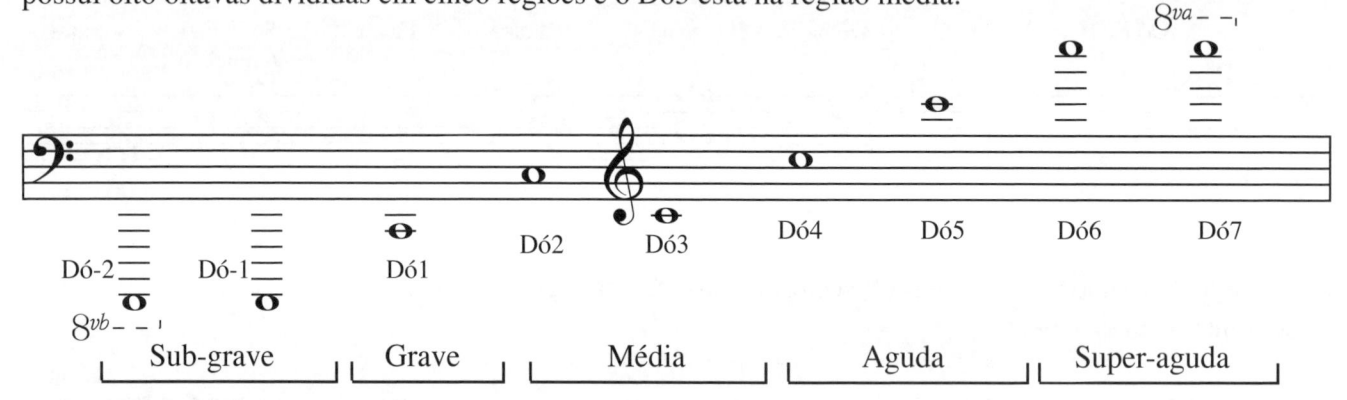

Extensão das vozes

As vozes compreendem a região central, que engloba as regiões grave, média e aguda, abrangendo quatro oitavas (Dó1 ao Dó5). As vozes masculinas vão do Fá1 ao Lá3 e as femininas, do Fá2 ao Lá4. A diferença entre as vozes masculinas e as correspondentes femininas é de uma oitava. As tessituras (alcances) abaixo se aplicam para o canto coral já que os cantores solistas ultrapassam essas alturas.

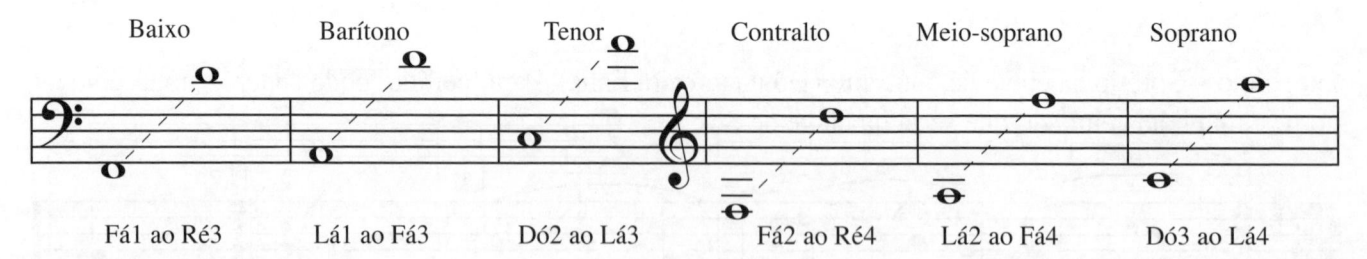

Questionário

1. O que é diapasão e para que serve?
2. Quais são as freqüências mais utilizadas para a nota Lá3?
3. O que é a escala geral e qual seu alcance?
4. Quais são as regiões da escala geral?
5. O Dó central está em qual região?
6. Quais são as regiões englobadas pela região central?
7. De quanto é a diferença entre as vozes masculinas e as correspondentes femininas?

LIÇÃO 58

Escala cromática

É uma escala que inclui os 12 sons do sistema temperado e é formada por intervalos de semitons sucessivos. A décima terceira nota é repetição da primeira. Nesta escala, toca-se sucessivamente as teclas brancas e pretas do piano.

Em uma abordagem prática, considera-se que só há uma escala cromática já que, partindo de qualquer nota, sempre são executados semitons sucessivos. Segundo este enfoque, a escala cromática é construída inserindo-se semitons entre os tons da escala diatônica. Na subida são utilizados sustenidos e na descida bemóis, como mostra o exemplo a seguir, no qual as notas pretas representam as cromáticas acrescentadas:

Por outro lado, a escala cromática pode ser construída com as notas cromáticas pertencentes aos tons vizinhos da escala diatônica em questão. Neste caso, cada escala passa a ter tonalidade e características próprias. Esta é a forma mais encontrada na escrita de música clássica. Na subida, as notas cromáticas são inseridas com alteração ascendente entre os intervalos de tom do I ao VI; o VI permanece inalterado e antes do VII entra uma nota cromática abaixada. Na descida, entram notas abaixadas; o V permanece inalterado e antes do IV é inserida uma nota elevada, como mostra o seguinte exemplo em Dó Maior:

Observação: Freqüentemente, na música clássica e na improvisação jazzística, notas cromáticas são incluídas para embelezar passagens musicais onde, normalmente, seriam utilizados intervalos melódicos com relação de um tom. Esta substituição, denominada bordadura cromática ou cromatismo incidental, é constituída de subidas ou descidas de um semitom que retornam à nota básica. Neste caso, o cromatismo deve ser feito e escrito na pauta de forma diatônica:

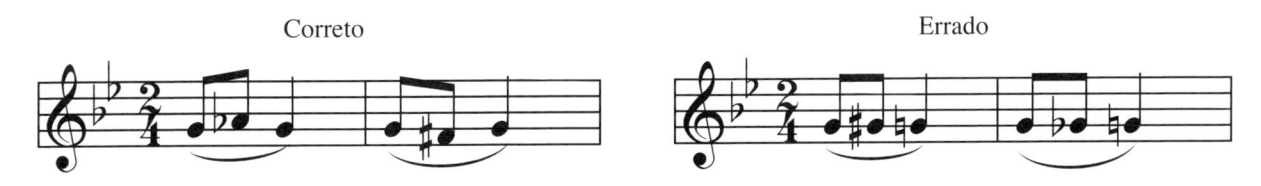

Correto   Errado

Questionário

1. O que é escala cromática?
2. Como é formada a escala cromática?
3. Como é construída a escala cromática de forma prática?
4. Como é construída a escala cromática da forma clássica?
5. Como deve ser feito o cromatismo nas bordaduras?

LIÇÃO 59

Reconhecendo o tom

O tom de uma música ou de um trecho musical pode ser definido averiguando-se três itens: a armadura de clave, o modo e a característica melódica ou harmônica do final. A armadura indica o tom do início da música. Se ela possui, por exemplo, três sustenidos, o tom pode ser Lá Maior ou seu relativo Fá# menor.

O modo (maior ou menor) pode ser identificado averiguando se há ocorrência do VII (sensível) elevado em um semitom (característica do modo menor), no início e no final da música ou do trecho. A sensível caracteriza o modo menor em virtude de que a escala menor harmônica é a mais comum entre as menores. Em uma partitura com acompanhamento escrito, averigua-se se o baixo toca mais constantemente a nota Lá ou Fá#. Se for Lá, o modo é maior e se for Fá#, o modo é menor.

Quando há um acorde final escrito, é fácil identificar a tonalidade e o modo já que, embora não seja obrigatório, muitas músicas finalizam na tonalidade em que começam. Se o acorde final tem as notas Lá-Dó#-Mi e a armadura possui três sustenidos, a música está em Lá Maior. Quando há apenas uma melodia, analisa-se a sensível. Nos exemplos a seguir, embora o trecho da pauta esquerda não termine na tônica, conclui-se que a tonalidade é Lá Maior. Na pauta da direita, a sensível está elevada em um semitom, logo, o tom é Fá# menor.

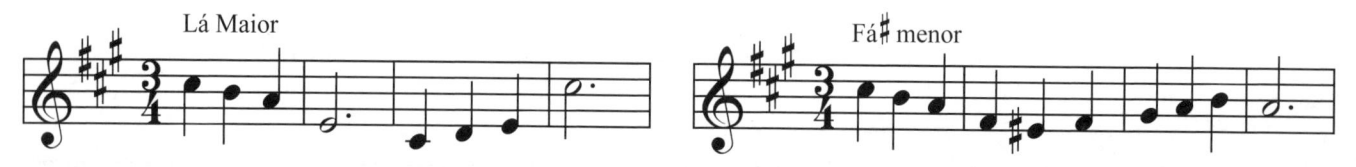

Modulação

É a mudança de um tom para outro no decorrer de uma música. Os princípios da modulação são objeto do estudo de harmonia. A música tonal pode ser constituída de um tom Principal (do início e do final, embora não obrigatório) e diversos tons Secundários que se sucedem.

Quando a modulação retorna ao tom Principal imediatamente ou mesmo após passar por diversos tons, ela é Passageira. Se a modulação acarreta em uma mudança efetiva do tom, a mesma é Definitiva e exige troca de armadura a partir da modulação. O seguinte exemplo mostra uma melodia que inicia em Dó Maior e modula para o tom vizinho Sol Maior:

Questionário

1. Como pode ser definido o tom de uma música ou de um trecho musical?
2. O que indica a armadura de clave?
3. Quanto ao modo, como identificar se o trecho é maior ou menor?
4. Obrigatoriamente a música deve terminar na tonalidade do início?
5. Como analisar mais seguramente a tonalidade quando há apenas uma melodia?
6. O que é modulação?
7. Quando a modulação é Passageira?
8. Quando a modulação é Definitiva?

LIÇÃO 60

Transposição de tonalidade

Transposição ou transporte de tonalidade consiste em escrever ou tocar uma música em um novo tom ou altura. É necessária para adequar um acompanhamento à tessitura de uma voz ou de um instrumento solista e para transcrever melodias para instrumentos transpositores (construídos com afinação em Si♭, Mi♭, Fá e Sol).

Quando um intérprete necessita "forçar" para executar notas agudas ou graves é um indício de que o tom da música deve ser modificado. Se as notas graves da melodia são interpretadas "sem firmeza", eleva-se a tonalidade. Por outro lado, se estão soando demasiadamente "forçadas", abaixa-se o tom até tornarem-se confortáveis. Em uma melodia para voz masculina em Lá Maior, por exemplo, se algumas notas agudas a sustentar alcançam o Ré4, abaixa-se o tom em uma terça maior e as mesmas são melhor acomodadas:

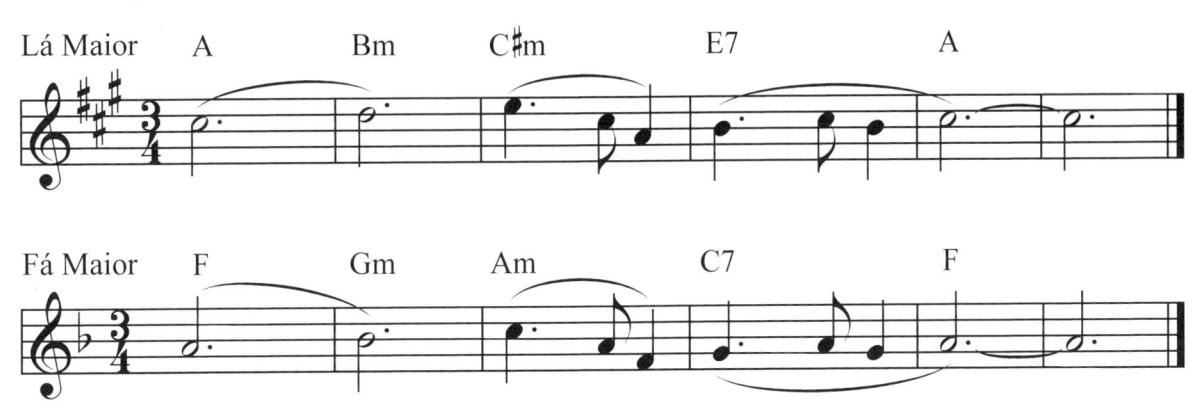

A transposição pode ser escrita ou lida. Na escrita, primeiramente, anota-se a armadura do novo tom conforme o intervalo a transpor. Em seguida, transpõe-se cada nota de acordo com o intervalo. Se houver alterações acidentais na melodia do tom original, haverá, também, na nova tonalidade. No exemplo dado, a armadura passou para um bemol e cada nota foi abaixada uma terça maior, conservando as características e funções originais. As cifras foram transpostas para Fá Maior. A transposição escrita de partituras antigas de canto coral, que utilizavam diversas claves, pode requerer troca de claves.

A transposição lida com mudança de clave remonta à época em que era comum a escrita e leitura em todas as claves. Consistia em substituir mentalmente a clave original por outra que tivesse relação com o intervalo necessário à transposição, sem que as notas mudassem de lugar na pauta. Neste processo, as alterações acidentais deviam ser automaticamente adequadas para conservar as características da melodia.

Outra forma é a transposição lida sem mudança de clave que requer muita prática de conversão de intervalos. Esta é mais utilizada por músicos que executam instrumentos transpositores (com afinações diferentes de Dó). Alguns músicos possuem uma técnica de leitura que possibilita tocar uma melodia escrita, por exemplo, para sax soprano (afinado em Si♭) e transportá-la instantaneamente para o sax alto (afinado em Mi♭).

Questionário

1. Em que consiste a transposição de tonalidade?
2. Para que, comumente, a transposição é necessária?
3. Qual é o indício de que o tom de uma música deve ser modificado?
4. Como se faz a transposição escrita?

LIÇÃO 61

Música modal

Na Grécia Antiga, foi desenvolvido um sistema musical de escalas denominado "modos", constituído por uma série de notas em seqüência. Posteriormente, na Idade Média, os modos gregos originais foram organizados e novos modos foram introduzidos pela Igreja, passando a ser denominados "modos litúrgicos" ou "eclesiásticos".

Os modos possuem um número limitado de sucessões onde, a partir de cada grau das escalas básicas, são construídas outras escalas. Por exemplo, o modo dórico é construído a partir do segundo grau (II) da escala maior e o frígio inicia no terceiro grau (III) da mesma escala. No tom de Dó Maior, estes modos possuem, respectivamente, as notas de Ré a Ré (Ré-Mi-Fá-Sol-Lá-Si-Dó-Ré) e de Mi a Mi (Mi-Fá-Sol-Lá-Si-Dó-Ré-Mi).

Logo, música modal é um tipo de música baseada nos modos, ou seja, a melodia é criada com as notas de um modo específico, como ocorre nos cantos gregorianos.

Modos

Os modos podem ser construídos a partir das quatro escalas básicas: maior, menor melódica (na ascendente), menor harmônica e menor natural. A menor natural gera modos idênticos aos da escala maior já que é encontrada no sexto grau (VI) da própria escala maior. Logo, a menor natural é o próprio modo eólio.

Nos modos apresentados a seguir, as notas brancas são as que entram na formação das tétrades geradas tomando-se o I, III, V e VII de cada modo. As marcas "st" mostram onde ocorrem os semitons. Nos pequenos compassos, estão representados os respectivos acordes.

A escala maior, que é o próprio modo jônico, gera os seguintes modos (exemplo em Dó Maior):

Para calcular quais notas entram na formação desses modos em outros tons, transpõe-se cada modo observando-se sempre a seqüência dos tons e semitons. Por exemplo, para achar o modo dórico na tonalidade de Sol Maior, utiliza-se o seguinte cálculo:

1. O modo dórico é composto da seqüência: Tom, Semitom, Tom, Tom, Tom, Semitom, Tom.
2. O modo dórico inicia no segundo grau (II) do jônico e, o II de Sol Maior é a nota Lá.
3. Inicia-se uma escala com a seqüência T-St-T-T-T-St-T a partir da nota Lá.

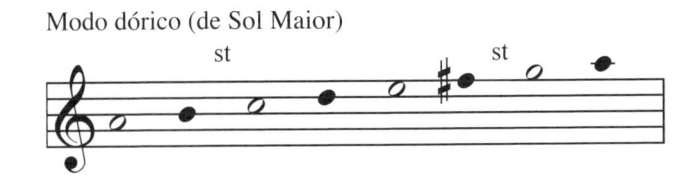

Modo dórico (de Sol Maior)

Por outro lado, quando se deseja construir um modo ou escala com suas respectivas alterações sem a necessidade de identificar os locais de cada tom e semitom, usa-se o seguinte precedimento (exemplo em Lá Mixolídio):

1. O modo mixolídio é encontrado no quinto grau (V) do modo jônico.
2. O Lá é o quinto grau (V) de Ré Maior.
3. Organiza-se a escala de Lá a Lá (Lá-Si-Dó-Ré-Mi-Fá-Sol-Lá).
4. Aplica-se as alterações da armadura de clave de Ré Maior (Fá sustenido e Dó sustenido).

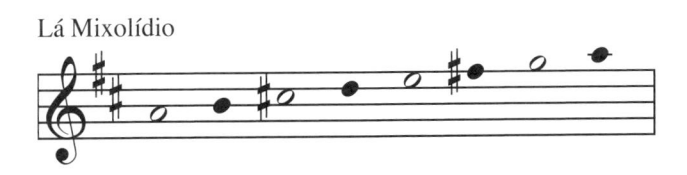

Lá Mixolídio

Dependendo das características culturais de determinados povos e países, a música modal pode ser construída a partir de um simples modo ou por uma fusão de modos (Hibridismo Modal). A seguir, um exemplo de melodia no modo dórico:

Entre os modos gregos, o jônico e o eólio são os mais comuns e os que passaram, inclusive, a ser utilizados em composições eruditas, a partir do final da Idade Média, com a denominação de modo maior e menor, respectivamente.

Atualmente, no estudo da improvisação, os modos são explorados de uma forma mais ampla. Além dos modos citados, utiliza-se os que são gerados a partir da escala menor melódica (ascendente) para improvisar sobre determinados acordes tais como: menores com sétima maior, alterados, dominantes com décima primeira aumentada, etc.

A escala menor melódica na ascendente gera os modos a seguir. O exemplo está em Dó menor e os pequenos compassos mostram as tétrades encontradas a partir dos graus representados por notas brancas:

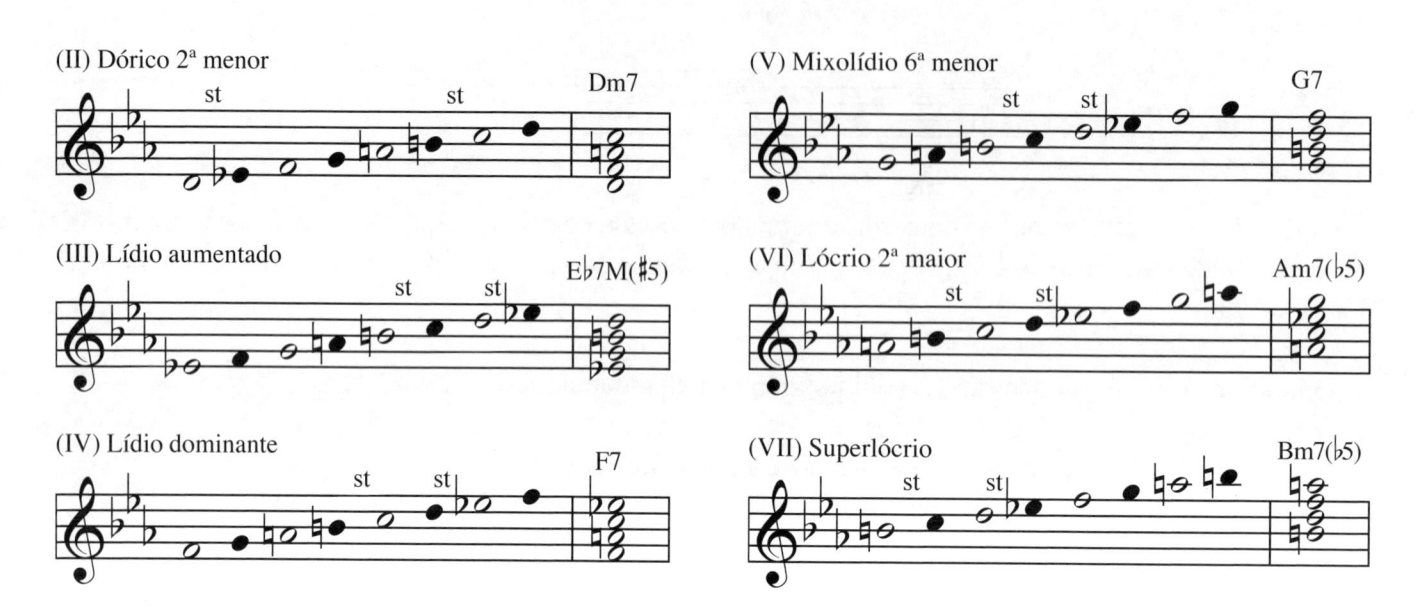

(I) Menor melódico — Cm(7M)

(II) Dórico 2ª menor — Dm7

(III) Lídio aumentado — E♭7M(♯5)

(IV) Lídio dominante — F7

(V) Mixolídio 6ª menor — G7

(VI) Lócrio 2ª maior — Am7(♭5)

(VII) Superlócrio — Bm7(♭5)

Observação: Os modos gerados a partir da escala menor harmônica, assim como as escalas exóticas de fortes características regionais (napolitana, húngara menor, chinesa, japonesa in-sen, etc.) também podem ser usadas para improvisação e criação de melodias peculiares, como detalhado no livro "Escalas para Improvisação".

Exercício – Solfejo no modo lídio:

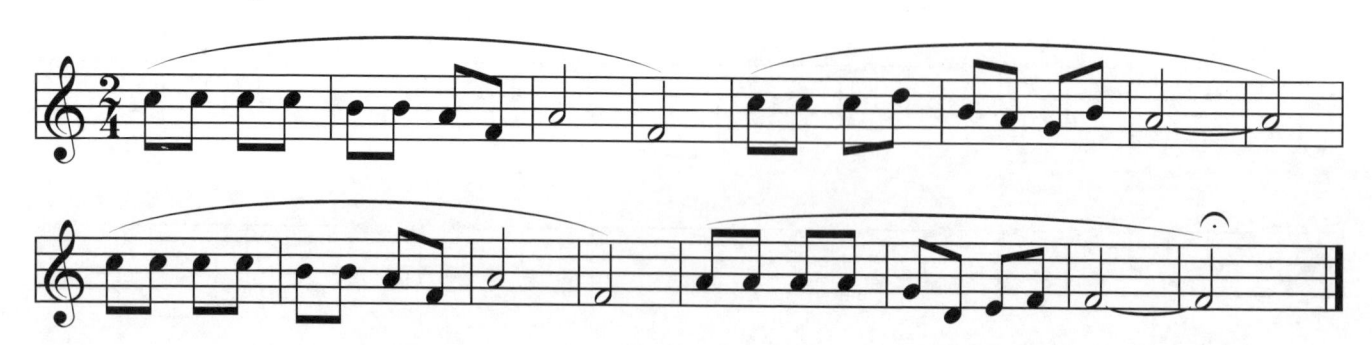

Questionário

1. O que é música modal?
2. Em que grau da escala maior é encontrada a escala menor natural (modo eólio)?
3. Quais modos são gerados a partir da escala maior?
4. Como se calcula as notas que formam os modos em diversos tons?
5. Quais são os dois modos mais comuns que passaram a ser utilizados em composições eruditas?
6. Que modos são gerados a partir da escala menor melódica ascendente?

LIÇÃO 62

Acordes formados sobre as escalas

Os acordes diatônicos são formados sobre os graus das escalas apresentadas abaixo. Deve-se observar que as notas que entram na formação desses acordes são, estritamente, as que pertencem à respectiva escala. Os acordes gerados pela escala menor natural não são descritos por serem idênticos aos da escala maior, partindo do VI.

Nas Lições 43, 45, 47, 51 e 61 diversos acordes foram introduzidos sob a forma de tríades e de tétrades. Nesta lição os acordes são mostrados em seqüência. Os exemplos são a partir das escalas de Dó e os acidentes estão escritos em cada nota, além da armadura de clave, para facilitar:

Acordes formados sobre a escala maior:

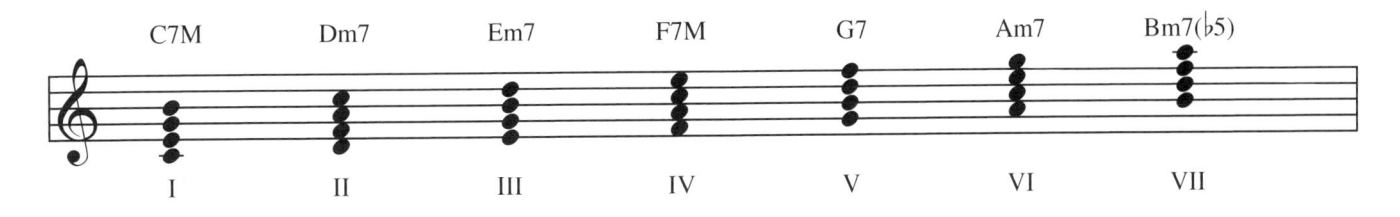

| C7M | Dm7 | Em7 | F7M | G7 | Am7 | Bm7(♭5) |
| I | II | III | IV | V | VI | VII |

Acordes formados sobre a escala menor melódica:

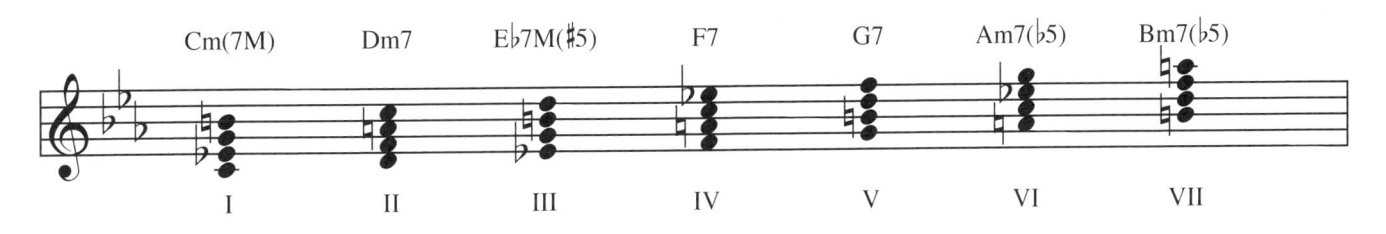

| Cm(7M) | Dm7 | E♭7M(♯5) | F7 | G7 | Am7(♭5) | Bm7(♭5) |
| I | II | III | IV | V | VI | VII |

Acordes formados sobre a escala menor harmônica:

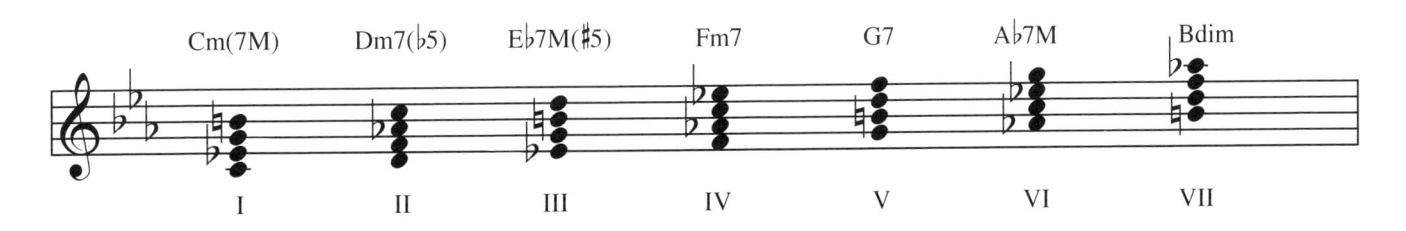

| Cm(7M) | Dm7(♭5) | E♭7M(♯5) | Fm7 | G7 | A♭7M | Bdim |
| I | II | III | IV | V | VI | VII |

Observação: Os acordes e escalas em todos os tons encontram-se descritos detalhadamente no livro "Escalas para Improvisação".

Questionário

1. Em que graus e em quais escalas citadas é encontrado o acorde de 7ª Maior?
2. Em que graus e em quais escalas citadas é encontrado o acorde de 7ª?
3. Em que graus e em quais escalas citadas é encontrado o acorde menor 7ª com 5ª diminuta?
4. Em que grau e em qual escala citada é encontrado o acorde de 7ª diminuta?

LIÇÃO 63

Série harmônica

É o conjunto de sons produzidos por um som fundamental e seus harmônicos. Como descrito na Lição 1, quando um corpo elástico vibra, suas partes (1/2, 1/3, 1/4, 1/5, 1/6, etc.) também vibram produzindo sons parciais. As parciais ou harmônicos superiores que acompanham a vibração são ilimitadas e diminuem gradativamente em intensidade até tornarem-se inaudíveis. Em torno do vigésimo harmônico, a amplitude da onda sonora é praticamente zero.

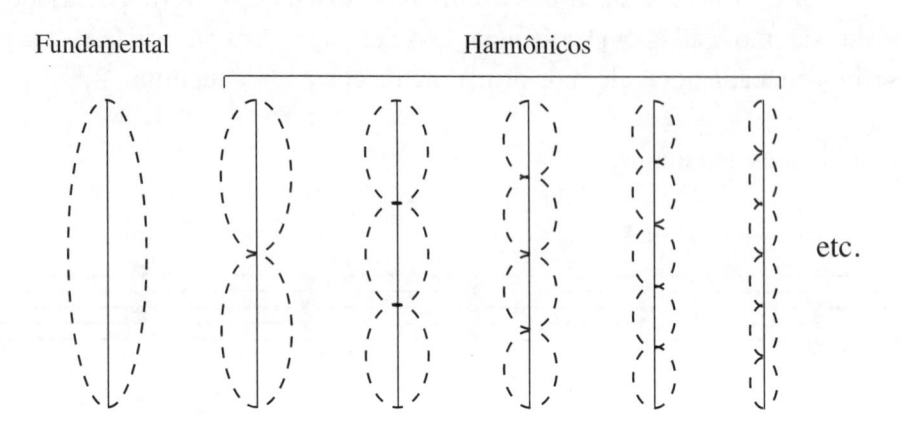

Em um sintetizador, a série harmônica pode ser facilmente ouvida incrementando-se, na seção de filtragem, o nível do *cut-off*, estando o *emphasys* no máximo. Já em um piano, ao se executar uma nota grave, como por exemplo o Dó1, ouve-se o som fundamental (Dó1) e, com volumes reduzidos, os quatro primeiros harmônicos que o acompanham. A pauta abaixo mostra a série harmônica até o décimo segundo harmônico:

Os intervalos existentes entre os harmônicos são: 8ª justa, 5ª justa, 4ª justa, 3ª maior, 3ª menor, 3ª menor, 2ª maior, 2ª maior, 2ª maior, 2ª maior e 2ª menor. As notas acima representadas por figuras brancas entram na formação do próprio acorde perfeito maior o qual, no exemplo dado, é o Dó Maior. Esta é a razão pela qual o acorde perfeito maior é considerado consonante.

Os seguintes acordes são encontrados naturalmente ou formados artificialmente, tomando-se os próprios harmônicos da série:

Perfeito maior – harmônicos 4, 5 e 6
Quinta diminuta – 5, 6 e 7
Sétima (dominante) – 4, 5, 6 e 7
Menor sétima com quinta diminuta (Meio diminuto) – 5, 6, 7 e 9
Sétima e nona (dominante) – 4, 5, 6, 7 e 9
Sétima e nona menor (dominante) – 4, 5, 6, 7 e 9 (nono harmônico abaixado em um semitom)
Sétima diminuta – 5, 6, 7 e 9 (nono harmônico abaixado em um semitom)
Quinta aumentada – 4, 5 e 6 (formado elevando-se a quinta – harmônico 6 – em um semitom)

O acorde perfeito menor é encontrado nos harmônicos 6, 7 e 9 da série harmônica superior. Contudo, esta consonância é explicada por H. Anglés e J. Pena na publicação *Diccionario de La Música* (Editora Labor, p. 2051), na qual é demonstrada a existência de uma série harmônica inferior proporcionada pelos harmônicos resultantes das vibrações sonoras simpáticas (fenômeno acústico que produz os sons simpáticos e seus resultantes). Os doze primeiros sons da série harmônica inferior são os seguintes (exemplo a partir do Dó5):

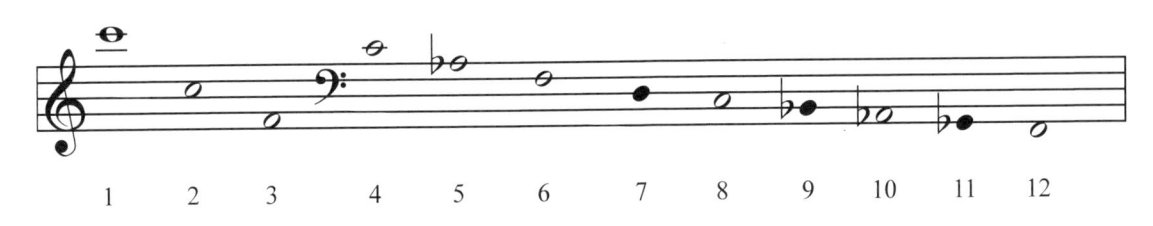

Como pode ser observado no exemplo dado, os harmônicos 4, 5 e 6 constituem, naturalmente, o acorde perfeito de Fá menor.

Observação: Embora o som produzido pela maioria dos instrumentos seja constituído, principalmente, por harmônicos da série harmônica, alguns criam harmônicos que não são matematicamente relacionados com o som fundamental, o que ocorre com muitos instrumentos de percussão. O sino, por exemplo, produz muitos harmônicos não relacionados que proporcionam um som peculiar, rico e complexo.

Questionário

1. O que é série harmônica?
2. Quais são os intervalos existentes entre os harmônicos até o décimo segundo?
3. Quais acordes são encontrados naturalmente e artificialmente na série harmônica?
4. Quais harmônicos formam, naturalmente, o acorde consonante perfeito maior?
5. Quais harmônicos da série inferior formam, naturalmente, o acorde consonante perfeito menor?

BIBLIOGRAFIA

ALVES, Luciano. **Apostila de Teoria Musical e Piano**. Rio de Janeiro, 1970.

ALVES, Luciano. **Dicionário de Acordes para Piano e Teclados**. São Paulo: Irmãos Vitale Editores, 1996.

ALVES, Luciano. **Escalas para Improvisação**. São Paulo: Irmãos Vitale Editores, 1997.

WINOLD, Allen e REHM, John. **Introduction to Music Theory**. New Jersey: Prentice-Hall, Inc., 1979.

CASELLA, A. e MORTARI, V. **La Tecnica Dell'Orchestra Contemporanea**. Roma: G. Ricordi & C., 1950.

APEL, Willi. **Harvard Dictionary of Music**. Massachusetts: Belknap/Harvard, 1944-1969.

ADOLFO, Antonio. **Música: Leitura, Conceitos, Exercícios**. Rio de Janeiro: Lumiar Editora, 2002.

MED, Bohumil. **Teoria da Música**. Brasília: MusiMed Edições Musicais, 1996.

OBRADORS, F. J. **Vademecum del Orquestrador Moderno**. Madrid: Unión Musical Española Editores, 1965.

PENA, J. e ANGLÉS, H. **Diccionario de La Música**. Barcelona: Editorial Labor S. A., 1954.

RANDAL, Don Michael. **Harvard Concise Dictionary of Music**. Massachusetts: Belknap/Harvard, 1978.

ÍNDICE

A

Abreviatura 70
Abreviatura de espera 71
Accelerando 47
Accénto 57
Acciaccatura 80
Acidentes 52, 121
Acordes 85, 104, 118, 121
Acordes com mais de quatro sons 85, 106
Acordes de cinco sons 106
Acordes de nona 106
Acordes de quarta suspensa 107
Acordes de quatro sons (tétrades) 85, 104, 110
Acordes de sétima 104
Acordes de três sons (tríades) 85
Acordes diatônicos sobre as escalas 121
Acordes dominantes 106, 107
Acordes enarmônicos 102
Acordes perfeitos maiores 88
Acordes perfeitos menores 96
Afinação 114
Al Coda 41
Al fine 40
Alla Breve 33
Alterações 52, 62, 86
Alterações acidentais 117
Altura 11, 117
Amplitude 122
Anacruse 43
Andamento 47
Apojatura 80
Armadura de clave 87, 88, 89, 91, 95
Armaduras com bemol 95
Armaduras com sustenido 95
Arppegiato 57

B

Baixo dado 109
Barra dupla 29
Barra final 29
Barra de compasso 28
Be-bop 103

Bemol 52
Bequadro 52
Blues 103
Bordadura cromática 115
Bossa-nova 29
Bpm 47

C

Cabeça de nota 16
Canto coral 114, 117
Cantos gregorianos 118
Casa de 1ª e de 2ª 40
Choro 45
Ciclo das quintas 91
Cifras 86, 104
Cifras alternadas 86, 109
Cifragem de acordes 86
Cifragem ideal 92, 105, 107
Cifragem tradicional 109
Classificação do semitom 54
Claves 12, 113
Clave de Fá 12, 14
Clave de Sol 12, 14
Coda 41
Comas 50
Combinações das figuras rítmicas 48
Compasso 28
Compasso 2/2 33
Compasso acéfalo 43
Compasso anacrústico 43
Compasso binário 28
Compasso binário composto 76
Compasso quaternário 32
Compasso quaternário composto 76
Compasso ternário 30
Compasso ternário composto 76
Compasso tético 43
Compassos alternados 111
Compassos compostos 74
Compassos incompletos 43
Compassos irregulares 111
Compassos mistos 111
Compassos simples 28

Con repetizione 40
Consonância 67
Contagem alternativa 39
Contagem de tempos (compassos compostos) 111
Contagem de tempos (compassos simples) 43
Contraponto 93
Contratempo 46
Coral 113
Cromatismo incidental 115

D

D.C. (*Da capo*) 40
Dal segno 41
Diapasão 114
Dinâmica 59
Disposição dos intervalos 64
Dissonância 67
Divisões (tempos) 18, 26
Dó central 14
Dobrado bemol 62
Dobrado sustenido 62
Dominante 82, 104
Duração 11, 16

E

Enarmonia 102
Escala bachiana 95
Escala cromática 115
Escala de Dó Maior 22, 64, 88, 113
Escala diatônica 82
Escala geral 114
Escala menor harmônica 94, 121
Escala menor melódica 95, 121
Escala menor natural 94
Escala temperada 51
Escalas 82, 85, 87
Escalas básicas 118
Escalas maiores 87
Escalas maiores com bemol 88
Escalas maiores com sustenido 88
Escalas menores 94
Escalas menores com bemol 97
Escalas menores com sustenido 96
Escalas relativas 100

Escrita para piano 34, 58
Estado fundamental 85, 108
Expressividade 56
Extensão das vozes 114

F

Fade out 42
Fermata 47
Figuras rítmicas (valores) 16, 18, 26, 36, 78
Figuras pontuadas 26, 77
Filtragem 122
Fine 40
Formação orquestral 111
Formação vocal 113
Fórmula de compasso 28

G

Graus das escalas 82
Graus modais 83
Graus tonais 83
Grupeto 81

H

Harmonia 11
Harmônicos 11, 122
Haste 16
Homônimos 100

I

Improvisação 95, 115, 119
In loco 58
Instrumentos não temperados 51
Instrumentos temperados 51
Instrumentos transpositores 117
Intensidade 11, 59
Interpretação 59
Intervalo 50, 60, 64, 68
Intervalos compostos 69
Intervalos da escala maior 89
Intervalos das escalas menores 98
Intervalos simples 60
Inversão de acordes 108
Inversão dos intervalos 68

J

Jazz 103

L

Legato 56
Leitura métrica 19, 33
Leitura rítmica 18, 19, 27, 30, 32, 33, 36, 37, 38, 73, 79
Ligadura 26
Ligadura de expressão 56
Ligadura de prolongação ou de nota 26
Linhas de oitava 58
Linhas suplementares 21, 58

M

Marcação dos tempos 39, 76
Melodia 11
Melodias sincopadas 45
Memorizando as notas 24
Metrônomo 47, 48
Modo maior 85, 116
Modo menor 85, 116
Modos 118
Modos eclesiásticos, gregos, litúrgicos 118
Modulação 116
Mordente 80
Mudança de clave 35
Música brasileira 44
Música modal 118, 119
Música tonal 83, 116

N

Nota Dó3 em todas as claves 113
Nota natural 54, 62
Notação da bateria 113
Notação para piano 35
Notas 12, 22, 34
Notas cromáticas 115
Notas do piano 58
Notas dobradas 85
Notas enarmônicas 102
Notas naturais 65, 66

Numeração dos compassos 42
Número inferior 28, 30
Número superior 28, 30

O

Oitava 58
Ornamentos 80

P

Padrões de divisões rítmicas 48
Partitura de piano 93
Pausas 16, 46
Pauta 12
Pentagrama 12
Polifonia 93
Polirritmia 93, 111
Ponto de aumento 26, 77
Posição invertida 85
Posicionamento das notas do acorde 110
Primeira inversão 108
Pulsação 33, 47
Pulsos por minuto 47

Q

Quadro da relação entre as figuras 78
Quartas sobrepostas 107
Quiáltera 72, 74

R

Rallentando 47
Reconhecendo o tom 116
Regiões 114
Relativa menor 94
Relativos 100
Repetição 70
Resolução 94
Ritmo 11
Ritornello 40
Rubato 47
Ruído 11

S

Samba 29, 45
Segunda inversão 108
Semitom e tom 50, 54, 119
Semitom cromático 54
Semitom diatônico 54
Semitons naturais 55
Sensível 82, 104
Seqüência de intervalos 64
Série harmônica 122, 123
Shuffle 103
Sinais de abreviatura 70
Sinais de articulação 56
Sinais de dinâmica 59
Sinais de intensidade 59
Sinais de oitava 58
Sinais de repetição 40
Síncope 44, 75
Sintetizador 114, 122
Sistema musical ocidental 83
Sistema musical temperado 50, 102, 115
Sistema natural 51
Sistema tonal 94, 98
Solfejo 19, 20, 29, 31, 33, 37, 57, 79, 103, 113, 120
Som 11
Som fixo 51
Som fundamental 122
Sons parciais 122
Sostenuto 56
Staccato 56
Subdivisão ternária 76, 103
Sufixo (cifra) 86, 105
Sustenido 52, 54
Swing 103

T

Tacet 71
Teclado do piano 53
Tempo (forte e fraco) 28, 43, 44, 46
Tempos incompletos 43
Tenuto 56
Terceira inversão 108

Tercina 72, 103
Tessitura 113, 114
Tetracorde 87, 88
Tétrades 85, 104, 118, 120, 121
Tétrades maiores 104
Tétrades menores 104
Timbre 11
Tom 50, 116, 117, 119
Tom relativo 91
Tonalidade 87, 89, 91, 100, 116, 117
Tonalidades enarmônicas 102
Tônica 82, 87
Tons afastados 101
Tons homônimos 100
Tons relativos 95, 100
Tons vizinhos 100
Transposição 117
Tremolo 70
Três subdivisões por tempo 75
Tríades 85, 86, 88, 92, 121
Tríades maiores 87, 88, 89
Tríades menores 94, 96, 97
Trinado 80
Trítono 94

U

Unidade de compasso 29, 30, 32, 74
Unidade de som 74, 111
Unidade de tempo 28, 29, 30, 32, 74, 111
Uníssono 61

V

Valores 16, 18, 36, 78
Valsa 30
Velocidade 47
Vibrações 11
Vizinhos 100
Vozes femininas 114
Vozes masculinas 114